流▶量
操盘手

手把手教你流量变现实操

赵强

traffic | trader

著

中国水利水电出版社
www.waterpub.com.cn
·北京·

内容提要

没有公域流量做不大，没有私域流量做不稳。不管是求生存、谋发展，还是反脆弱，互联网流量运营已经成为企业的营销标配。

可流量并不是做了就会有的，或者砸钱就会有的，流量运营路上困难重重，存在流量少、流量贵、流量无法裂变、流量无法转化等问题。

本书针对流量运营中的常见问题，从引流、裂变、私域化和变现四个层面给出了具体、详尽、可实操的案例和解决方案，既包括众多著名企业的流量实操案例，也包括各平台的网红带货流程和技巧实操，在低成本甚至零成本的原则下，助力企业抓住流量的本质，破解流量困局，掌握流量操盘手法，释放流量价值，进而实现从0到1000到10万，再到100万的自我突破。

图书在版编目（CIP）数据

流量操盘手：手把手教你流量变现实操 / 赵强著.
—北京：中国水利水电出版社，2023.3 （2024.1重印）
 ISBN 978-7-5226-1267-6

Ⅰ.①流… Ⅱ.①赵… Ⅲ.①企业管理—网络营销
Ⅳ.① F274-39

中国国家版本馆 CIP 数据核字 (2023) 第 010753 号

书　　名	流量操盘手：手把手教你流量变现实操 LIULIANG CAOPANSHOU：SHOUBASHOU JIAO NI LIULIANG BIANXIAN SHICAO
作　　者	赵　强　著
出版发行	中国水利水电出版社 （北京市海淀区玉渊潭南路 1 号 D 座 100038） 网址：http://www.waterpub.com.cn E-mail：zhiboshangshu@163.com 电话：（010）62572966-2205/2266/2201（营销中心）
经　　售	北京科水图书销售有限公司 电话：（010）68545874、63202643 全国各地新华书店和相关出版物销售网点
排　　版	北京智博尚书文化传媒有限公司
印　　刷	三河市龙大印装有限公司
规　　格	170mm×240mm　16 开本　16 印张　177 千字
版　　次	2023 年 3 月第 1 版　2024 年 1 月第 2 次印刷
印　　数	3001—6000 册
定　　价	88.00 元

凡购买我社图书，如有缺页、倒页、脱页的，本社营销中心负责调换

版权所有·侵权必究

前 言
Preface

二十年前，企业经营的成功奥秘是地段，因为地段意味着人流量，人流量足够大，客流量才会足够大；十年前，企业经营主要看市场容量，市场容量足够大，需求才会足够旺盛；如今，企业经营要看互联网流量，谁抓住了流量并成功转化，谁就能获得成功！

生意的背后是营销，营销的背后是流量，流量的背后是人。不管是地段、市场容量，还是互联网流量，其根本都是企业对消费者货币的争夺。

中国国家统计局发布的《中华人民共和国2020年国民经济和社会发展统计公报》显示：2020年年末中国互联网上网人数9.89亿人，其中手机上网人数9.86亿人。此外，有报告指出：我国手机网络购物用户规模达7.81亿人，全国网上零售额达11.76万亿元，占社会消费品零售总额的比重接近四分之一。互联网流量经营成了企业绕不开的环节。

在越来越多因互联网流量而实现爆发性增长的案例背后，很多企业和品牌已经意识到了互联网流量的重要性。

谈起流量运营，在实际工作中，很多企业都面临着以下问题。

➢ （1）流量少。企业开通了企业微信号、微信公众号、头条号、抖音号等引流接口，但粉丝量较少。

> （2）流量贵。企业想增加粉丝量，只有买推荐量这一招，可是推荐量的价格却越来越高。

> （3）流量无法裂变。流量的一个功能是其可以成为撬动更大流量的支点，使流量滚雪球式地发展，可很多企业的流量却是一潭死水，没有生命力。

> （4）流量无法转化。流量存在有效和无效的区别，有效流量是指能够给企业带来收益转化的流量；无效流量是指对核心业务进展没有太多实际意义的流量。企业流量大多是无效流量，看上去一片繁荣，可却无法转化，没有实际作用。

  本书针对企业常见问题，结合近几年的案例，对流量运营的底层法则进行了剖析和提炼，从引流、裂变、私域化和变现四个层面给出了解决方案。引流方案帮助企业拿到基础流量，解决流量少的问题；裂变方案帮助企业实现粉丝量从1000到10万的自我突破，解决流量无法裂变的问题；私域化方案帮助企业直接触达用户，保证企业流量的有效性；变现方案帮助企业完成用户价值商业闭环，畅享流量收益。

  值得强调的是，这四个层面的解决方案都以低成本，甚至零成本为核心原则，以"流量不用花钱买"为行动纲领。企业只需抓住流量本质，改变运营思路，掌握操盘手法，就能破解流量困局，释放流量价值。

  互联网商业就像一棵繁茂的大树，所有基于互联网成长的商业形态，都是树上的果实，而流量则是大树的根基，为果实的成长源源不断地输送营养。

赵　强
2022年5月18日

目 录
Contents

第一篇　引流：拿到基础流量

第一章　借势引流，引爆公域流量　　2

在这个"流量为王"的时代，流量是一切生意的本质，流量就是市场，流量就是客户，流量就是财富，流量就是真金白银。没有流量，或者没有获取流量能力的人，终将会被淘汰；有获取流量能力的人将成为最终赢家。获取流量的最佳方法，是吸引流量主动上门，这比辛苦地四处找流量要轻松得多，而借势引流是吸引流量最高效的方法之一。

第一节　案例观察：华为春节营销的背后逻辑　　4
第二节　利用热点引流的四个关键点　　5
第三节　热点是可遇不可求的吗　　8
第四节　借势引流的注意事项　　12

第二章　玩转平台，打通流量渠道　　14

2021年，微信用户数为12.6亿人，抖音的日活跃用户数为6.8亿人，微博的月活跃用户数为5.73亿人，这些用户不局限于一街一巷、一城一镇，而是面向全国甚至全世界，市场范围和市场容量之大超乎想象，平台的流量优势是显而易见的。善用平台的优势，绝对是引流的最佳途径之一，这就像是站在巨人的肩膀上，在强大的助力下前行。

第一节　案例观察：头部网红的流量矩阵玩法　　16

第二节	微博的引流规则	18
第三节	抖音的引流规则	21
第四节	小红书的引流规则	25
第五节	B 站的引流规则	29
第六节	知乎的引流规则	31

第三章　直播吸粉，畅享最大流量　　36

2020 年淘宝"双十一"的统计数据显示，直播已经成为商家的带货战场，商家自播商品交易总额（Gross Merchandise Volume，GMV）占比超 60%，直播商家覆盖数增长 220%。直播对于企业来说不仅仅是促销手段，也不仅仅是品牌宣传的渠道，直播已经成为企业必须去重视和经营的第三个销售渠道，正逐渐拥有与线下渠道、传统电商渠道同等重要的意义，完成直播引流，已经成为各行各业发展的必经之路。

第一节	案例观察：新东方直播爆火的启示	38
第二节	播前预热，抓住眼球	40
第三节	突出主播魅力，拿下印象分	41
第四节	产品价值引流，强化利益点	43
第五节	准备有趣有料的内容	45

第四章　短视频风口　　48

短视频有着其他信息载体无可替代的天然属性：第一，碎片属性，现代社会，人们的时间被切割得短小零碎，这成为短视频成长的土壤；第二，公平属性，短视频时代，任何人都有一夜爆红的机会，短视频也就成为每家企业都必争的流量蛋糕；第三，精准属性，依靠大数据，短视频可以根据用户的爱好、兴趣、习惯等智能地分发内容，一方面对用户形成了致命吸引力；另一方面保证了企业营销的精准性。

第一节	案例观察：某化妆品品牌的教科书式视频营销	50
第二节	爆款视频的四个锚钩	53
第三节	埋入"钩子"，保证完播率	56

| 第四节 | 巧妙植入，确保引流 | 60 |

第二篇　裂变：实现从 1000 到 10 万的自我突破

第五章　打造爆文，实现裂变式扩散　　64

沃顿商学院的营销学教授乔纳·伯杰（Jonah Berger）在《疯传》一书中对社交货币作了这样的描述："就像人们使用货币能买到商品或服务一样，使用社交货币能够获得家人、朋友和同事的更多好评与更积极的印象。"在社交货币的驱动下，用户的裂变式扩散成为可能。企业只需为用户提供一个借力点，就能实现 1 生 2、2 生 4、4 生 8……的裂变式扩散。其中，爆文是早已被证明了的行之有效的借力点之一。

第一节	案例观察：《流感下的北京中年》拨动了谁的神经	66
第二节	爆文的四个特征	69
第三节	打造爆款文章的"六脉神剑"	74
第四节	这样的爆文，坚决不要	84

第六章　打造爆品，让产品成为推销员　　88

可口可乐凭借一款饮料、老干妈凭借一瓶辣椒酱为人们所熟知，这些都是凭借一款产品带火一个企业的案例。互联网时代，所有创新都是以用户为中心的，一款能让用户为之疯狂尖叫的产品，能达到引流、截流的效果，为企业带来超乎想象的客流和品牌影响力，进而以最快的速度提升销售业绩，抢占市场份额，为企业长远发展打下坚实的基础。

第一节	案例观察：小米爆品的"套路"	90
第二节	产品是 1，其他是 0	96
第三节	打造爆品的四个步骤	99
第四节	怎样做到"新、奇、特"	105

第七章　社群裂变，让营销变成游戏　　112

美国著名推销员乔·吉拉德在销售工作中总结出了一个"250定律"。我们每个人都会连接到250个朋友，这250个朋友是我们开展社群营销的基础，他们会帮助我们获取更多新用户，然后新用户又会影响到更多新用户，形成循环式裂变。其中的关键是将企业利益拿出一部分分给用户来换取他们的社交资源，让用户从宣传中获益，进而实现用户的自循环。

第一节　案例观察：樊登读书会的增长奇迹　　114

第二节　最常见的九种活动形式　　118

第三节　如何设置强吸引力的诱饵　　121

第四节　裂变海报的基本要素　　124

第五节　活动流程的把控要点　　127

第八章　培养超级用户，实现低成本拉新　　132

心理学中有个第三者效应，是指在一般人的观念里，总认为"第三者"所说的话较具客观性、较为公正。还有一个权威原理，讲的是人们都愿意听从权威者的意见，权威者的一言一行都可能给人们施加某种影响，无形地操纵人们的行为。超级用户集"第三者"和"权威者"于一身，他们对身边人有着极强的辐射力。普通人只能影响到250人，超级用户则可以影响到几千人，甚至几万人。

第一节　案例观察：小米有品有鱼的发展思路　　134

第二节　社区团购模式　　136

第三节　如何筛选超级用户　　140

第四节　如何激励超级用户　　142

第三篇　私域化：直接触达用户

第九章　私域运营，实现流量转化　　148

私域流量的核心是真实的用户关系，它和平台拥有的公域流量是相对的，是企业或品牌可控的、可自由支配的、可变现的流量。私域流量具有以下三个核心特征。

（1）用户是高频在线的，也就是"活"流量。

（2）用户是可实时触达的，企业可以通过触达将营销内容传递给用户。

（3）用户是可以便捷成交的，营销的终极目的就是成交，成交完成，才算完成了一个完整的营销闭环。

第一节	案例观察：某日用品连锁品牌的逆袭奥秘	150
第二节	私域流量转化的三个关键点	153
第三节	充分发挥微信生态的私域价值	156
第四节	不容忽视的抖音私域价值	159
第五节	自建私域的实施策略	162

第十章　价值痛点，实现持久养流　　166

要想做好私域流量的运营，企业需要更有针对性地去经营用户，更好地管理用户关系，在这个过程中"价值"是最好的维系关系的纽带，不断为用户创造价值，才能紧密地将粉丝黏在企业的私域池中，有效提升粉丝留存率和活跃度，实现"流量"到"留量"的转换，持续为企业创造利润。

第一节	案例观察：瑞幸咖啡的翻身之战	168
第二节	全产业链调整，提升用户体验	171
第三节	进行用户分层，真心接近用户	174
第四节	针对用户痛点，精细化运营动作	177

第十一章　品牌IP化，实现精准引流　　182

研究私域流量的学者们一致认为IP本身就是私域流量池，因为它自带流量。为了最大化地发挥IP的流量价值，企业在发展过程中有必要以打造IP的思维和方法来开展品牌重塑，也就是将品牌IP化。在线上、线下流量都非常稀缺的背景下，品牌占据了一个IP就相当于占据了一个永久的消费入口，它可以持续地为品牌提供流量。

| 第一节 | 案例观察：三只松鼠的IP打造之路 | 184 |

第二节　确定 IP 形象，让人立刻记住你　　　　　　187

第三节　设计 IP 接触点，实现口碑引流　　　　　　190

第四节　做好 IP 推广，将流量变成销量　　　　　　192

第四篇　变现：完成用户价值商业闭环

第十二章　直播带货变现　　　　　　196

在传统电商销售模式下，消费者从购物网站中获取的产品信息是不全面的，因此难以判断产品是否真正符合自己的需求。直播带货的出现解决了这一问题，一方面，直播带货比传统电商销售模式更加直观，能够带给消费者更好的购物体验；另一方面，直播带货这种具有社交属性的销售方式能提高用户黏性，有效留存用户。直播带货已成为企业增加销售量的一种重要手段，而且还是当下最好的流量变现方式，它能让企业的流量和产品落袋为安，转化为金钱。

第一节　案例观察：带货女王董小姐的直播布局　　　　　　198

第二节　全民直播正成为大趋势　　　　　　202

第三节　直播成功变现的四大前提　　　　　　205

第四节　直播场景搭建的六种方式　　　　　　209

第五节　直播带货流程的把控　　　　　　212

第十三章　兴趣电商变现　　　　　　216

抖音电商总裁康泽宇提供了一个有意思的数据：据抖音平台商家的反馈，抖音电商上的消费者 85% 以上是新用户。兴趣电商的核心是主动帮助用户发现其潜在的需求，人们刷视频，就像是在网络上逛街，他们同样没有明确的购买需求，直到看到自己感兴趣的东西，他们才会随手买下来，这就是兴趣电商的底层逻辑。根据第三方测算，兴趣电商的商品交易总额到 2023 年大概会超过 9.5 万亿元。电商行业会有越来越多的参与者转向兴趣电商行业。兴趣电商凭借着强大的生态优势，有望成为企业变现的下一个风口。

第一节　案例观察：海底捞再度爆红的秘密　　　　　　218

第二节	兴趣电商：下一个风口	220
第三节	什么样的企业适合做兴趣电商	222

第十四章　知识付费变现　　226

随着互联网时代的来临，"平台"兴起，"共享"输出蓬勃，这让每一个人都有可能成为"知识变现"的主体。一手流量，一手知识，我们就有可能成为资本追逐的焦点。

第一节	案例观察：凯叔的商业链条	228
第二节	内容打赏类玩法	232
第三节	知识付费网课玩法	234
第四节	线下约见咨询玩法	237
第五节	线下互动收割玩法	239

参考文献　　242

第一篇

引流：拿到基础流量

第一章

借势引流,引爆公域流量

《孙子兵法·势篇》中提道:"任势者,其战人也,如转木石。木石之性,安则静,危则动,方则止,圆则行。故善战人之势,如转圆石于千仞之山者,势也。"

善于创造有利"势"的将领,指挥部队作战就像转动木头和石头一般。方形的木头和石头处于平坦的地方会静止不动,圆形的木头和石头处于陡峭的斜坡上就会滚动。善于指挥打仗的人造就的"势",就像让圆石从极高极陡的山上滚下来一样,来势凶猛。

商场如战场,营销高手就像带兵打仗的将领一样,他们懂得"借势"的道理,可以达到四两拨千斤的效果。

在这个"流量为王"的时代,流量是一切生意的本质,流量就是市场,流量就是客户,流量就是财富,流量就是真金白银。没有流量,或者没有获取流量能力的人,终将会被淘汰;有获取流量能力的人将成为最终赢家。获取流量的最佳方法,是吸引流量主动上门,这比辛苦地四处找流量要轻松得多,而借势引流是吸引流量最高效的方法之一。

第一节
案例观察：华为春节营销的背后逻辑

2017年，春节期间，华为推出了一系列动态海报。

腊月二十三，小年啦，来和灶神合个影，徕卡双镜头，定格新年幸福瞬间。

腊月二十七，逛庙会，东瞧西瞧真热闹，息屏快拍，不错过任何精彩瞬间。

除夕，阖家欢乐才是年，华为手机给您拜年了。

……

华为的这一系列海报触动了网友的情感开关，不少人开始自发地创作。海报唤起了人们对于传统年味的记忆，赢得了众多关注。

华为的海报和消费者在情感上产生了共鸣。同时，本次活动推广的产品得到了消费者的广泛认可。

借势引流就是借助某一大家关注的事件或人物，展开与产品或品牌相关的营销活动，达到吸引大众注意力的引流方式。这一方式的关键点在于热点与品牌的关联度。关联度越高，引流效果就越明显。

从本营销案例中，可以看到借势引流有以下三个优点。

➢ （1）引流效果好，成本低，甚至可以零成本。
➢ （2）可以提高有效转化率。
➢ （3）可以快速提高产品的知名度、品牌的影响力。

第二节
利用热点引流的四个关键点

网络上有一个很敏感的词叫"水军"，"水军"伪装成普通网民或消费者，通过发布、回复和传播信息等对正常用户产生影响。雇用"水军"发布信息是不道德的做法。但是如果有网民自动自发地做某品牌的"水军"，免费向大众安利、推荐、宣传，那就是完全不同的概念了，这样的水军是"自来水"，"自来水"的热捧是发自内心的。

"自来水"这一网络词语诞生于国产动画电影《大圣归来》的上映期间。当时，因为《大圣归来》的制片方没钱进行大规模宣传，加上当时有其他两部电影霸占荧幕，一开始，这部电影在电影院的排片量很低。观众观看《大圣归来》后，对其很是喜爱和支持，得知《大圣归来》的排片量很低后，他们产生了不甘心理，觉得这部电影应该被更多人看到，带着这样的目的，他们开始主动宣传这部电影。

一开始是少量"自来水"通过朋友圈、微博、贴吧、知乎等社交平台向朋友、网友等安利这部电影,影响了一小批人,这批人被转化为新的"自来水",开始影响新的一批人,这批人又被转化成新的"自来水",去影响更多的人,由此"自来水"队伍越来越大。

一开始,《大圣归来》在豆瓣有6000多人打分,有200多篇长篇影评;一个月后,豆瓣短评达到了103558篇,长评达到了4021篇,打分人数达到了181393人,评分为8.5分,这四个维度的数据都远远高于同期其他电影。随着粉丝基数的不断扩大,《大圣归来》在视频网站、社交网站上引发了广泛关注,它的票房自然也就高了。

上面的案例中,华为春节营销之所以成功,一个主要原因就是它击中了大众的内心,让很多网民甘愿成为"自来水",不仅免费帮它宣传,还影响了更多的人加入宣传队伍。

在借力热点时,如果能触发"自来水"效应,那可谓是水到渠成,引流效果自然就有了保证。那么,如何才能触发"自来水"效应呢?

❯ 一、以情感为中心

人是情感动物,谁都会为情所动,**情感永远是最有效的营销切入点**。我们吸引流量时,如果能够从情感的角度出发,击中目标人群的内心,往往能轻松赢得关注。

华为的春节营销就成功抓住了中国人的情感动机,通过与消费者进行情感沟通，拉近了产品与消费者之间的距离。这样的营销既直击人心，又在消费者心中留下美好的印象。

❷ 二、找一个与品牌内涵相契合的热点

第一，保证借势的事件点够热，也就是有足够的关注度和影响力；第二，确保事件点与品牌内涵相契合。真正契合自己品牌内涵的热点才是真正的东风，才能送我们直上青云。

❷ 三、找一个事件的推进点，将自己由配角转变为主角

有些影视圈的演员刚入行时，没有名气，他们会借力影视作品中的角色在观众心中留下印象，可这些演员要想真正被观众熟知，还得摘掉这些修饰语。为什么？

前面提到借力热点有低成本高效果的优点，它的缺点也很明显：热点的时效性强，效果不持久，热点的动态难以把握。如果既想享受热点的优点，又想规避热点的动态难以把握的缺点，这个承前启后的转折点就显得格外重要，它能把自己从配角转变为主角，让自己成为真正的热点，由自己掌控热点的走向。

❷ 四、找一个合适的引爆点

在借力引流过程中，我们触发大众的情感共鸣，将大众的关注点转移到自己身上，接下来就需要制造一个引爆点，要有讨论度和关注度，这样自己才会成为真正的热点和焦点。

就拿华为手机的春节营销来说，2022年春节，华为发起了名为"吃了这道菜才叫过年"的话题，这一话题在微博引发了热议。不同

地方有不同的特色美食，南北方春节传统美食有什么差异，背后各自有什么样的故事，网友对这些内容的讨论热情非常高。

网友们在展示各地过年美食的同时，也展示了华为手机强大的拍照摄像功能。手机让美食得到了展现，美食推动着手机进入人们的心中，两者互相成就。

从华为的春节营销活动中我们可以看出，话题要想引爆，首先要能引起潜在受众的讨论兴趣，有讨论的兴趣，才有传播的可能，其次要突出品牌的利益点，这样才能更好地驱动品牌，为品牌营销助力。

第三节
热点是可遇不可求的吗

现在是一个信息爆炸的时代，互联网上的各种热点几乎每小时就会出现几个，虽然这些热点不至于全网爆红，不能达到一天就拿下千万流量、上亿元销售额的程度，但通过热点引流，在自己的行业里赚个盆满钵满还是很容易的。

热点可以分为五种，分别为常规热点、突发热点、预判热点、自制热点和现拿现用热点。

热点：常规热点、突发热点、自制热点、现拿现用热点、预判热点

一、常规热点

常规热点是指一些可以预见的、会定时出现的热点。

在传统文化被强烈冲击的今天，台历这种传统的纸质印刷品仍然受到很多新媒体从业人员的喜爱，新媒体人的办公桌上不放一个台历就显得不专业，为什么呢？因为他们的很多工作要围绕台历上的重要日期展开，如国庆节、中秋节、七夕节等。

这些都是可以预见的常规热点，新媒体人提前做好内容选题、预热和拍摄制作等，等待时机到来后准时发布，就可以借力热点，引流一波。

例如，暑期学生放假，"神兽"出笼；春节时，上班族的人在窘途；国庆节时，旅游大军的众生百态，这些都是可以利用起来的热点。

二、突发热点

突发热点是指一些不可预见的热点，如各种突发事件等。

这类热点来得突然，相较于视频创作，用微博、微信、今日头条等图文类创作平台更适合抓住这类热点，能快速作出反应。

抓住突发热点，可以遵循以下三个步骤。

➢（1）在热点刚出来时，我们一时间找不到创作灵感，可以对热点内容进行简单梳理，这样能快速地抢占流量，吸引用户的注意力。

➢（2）对热点的相关事件进行拓展，挖掘出更加深层次的内容，带给用户某些新鲜的内容，传播度就能得到很好的提升。

➢（3）对于热点的相关事件作全面总结，将事件的时间、地点、人物、发展过程等资料整理出来，在一篇文章或一个视频中集中发布，方便网友了解，同时也就拿下了热点的流量。

◎ 三、预判热点

预判热点是指根据既定事实可以推演、预判的热点。

常规热点和突发热点不同，前者所有人都可以预见，后者所有人都猝不及防，在这两种热点上竞争关注点，杀出重围的难度是很大的。而预判热点就不一样了，它考验一个人的分析能力，专业要求高，竞争相对也就小一点。

◎ 四、自制热点

自制热点是指自己制造的有争议性的、易引起关注的热点。

借力热点，虽然好用，但近几年大家都用这招，观众对其中套路也已经了解，品牌发声也容易被各种杂音淹没掉，在这种形势下，自制热点就显得很有必要了。

2021年4月，小米官宣更换LOGO，并透露新LOGO由国际著名设计师亲自操刀，花费了近三年时间进行设计，总计花费200万元。可新旧LOGO同时呈现在大众面前时，大众都懵了，那种感觉就像在做"大家来找茬儿"的小游戏。新LOGO的变动非常有限，只是外形从正方形变成了椭圆形。

在"小米被骗，200万元不值，谁都能做这设计"等议论声中，设计师表示：科技越是进化，就越接近生命的形态，他提出Alive（生命感）设计概念，还验证了一个"超椭圆"计算公式，当$n=3$时，动态将会达到最佳平衡，小米LOGO的椭圆形就源于此。200万元引发了全网讨论，小米的钱花得值。

自制热点的优点是既不用担心热点的走向，也不用担心热点与品牌内涵不匹配，抛出一个有技巧性的话题，流量就会自动找上门。

▶ 五、现拿现用热点

对于新媒体人来说，百度实时热搜榜或微博热搜榜都是好东西，它预示着高推荐量，也预示着高流量，最主要的是它省去了寻找热点之苦。我们可以每天早上打开热搜榜，从热搜榜最底端的内容看起。排名最高的热搜事件肯定是关注度最高的，但竞争对手也是最多的，从最底端找一个与自己品牌相契合的话题，趁着有一定的关注度，但关注度还不是很高时发布内容，借势的效果会非常好。

需要强调的是，发布的内容不但要围绕热点关键词展开，还要有深度和专业理解。言之有物，才能打动人心，吸引到用户的注意力，向用户宣传品牌的价值。既要引导用户关注自己，达到引流的目的，又要不惹人厌烦，这个尺度一定要把握好。

第四节
借势引流的注意事项

2021年国庆档电影票房共43.7亿元,《长津湖》独得近32亿元,连续打破了多项票房纪录。更重要的是,这部电影让观众重温了抗美援朝战争中,志愿军英勇无畏、保家卫国的英雄事迹,有重要的社会意义。

《长津湖》大火后,网络中有不少人对其进行了评论,但有人在此时发表了不正当言论,公然对革命先烈进行辱骂。

不久后,三亚市公安局吉阳分局对发表不正当言论的人进行了传唤,并以涉嫌"侵害英雄烈士名誉、荣誉罪"对其进行了刑事拘留。

从2021年3月1日起正式实施的《中华人民共和国刑法修正案(十一)》中明文规定:"侮辱、诽谤或者以其他方式侵害英雄烈士的名誉、荣誉,损害社会公共利益,情节严重的,处三年以下有期徒刑、拘役、管制或者剥夺政治权利。"也就是说,前文提到的发表有损烈士名誉、荣誉的人将面临三年以下有期徒刑。

除了遵守法律法规,要想借势引流发挥作用,还需要注意以下内容。

▶ 一、热点的时效性

有网友发布过一张关于热点时效性的图片,一般认为**热点发生**

后的 1 小时是黄金期，大众对热点的兴趣最大，与热点相关的话题和观点很容易被关注到；12~24 小时则是废弃期，用户对热点事件的新鲜感消失，兴趣逐渐消失。因此，在借力热点时，我们要注意热点的时效性。

二、借力热点要把握时间成本

借力热点的资金成本的确很低，甚至可以零成本，但我们有一个成本还是需要计算一下的，那就是时间成本。不管是写文章，还是制作视频，都要花费时间。因此，借力热点需要衡量时间成本。

第二章

玩转平台，打通流量渠道

《荀子·劝学》中提道："登高而招，臂非加长也，而见者远；顺风而呼，声非加疾也，而闻者彰。假舆马者，非利足也，而致千里；假舟楫者，非能水也，而绝江河。**君子生非异也，善假于物也。**"君子的资质与一般人没有什么区别，君子之所以高于一般人，是因为他能善于利用外物。也就是说，善于利用已有的条件，是君子成功的一条重要途径。

2021年，微信用户数为12.6亿人，抖音的日活跃用户数为6.8亿人，微博的月活跃用户数为5.73亿人，这些用户不局限于一街一巷、一城一镇，而是面向全国甚至全世界，市场范围和市场容量之大超乎想象，平台的流量优势是显而易见的。善用平台的优势，绝对是引流的最佳途径之一，这就像是站在巨人的肩膀上，在强大的助力下前行。

第一节
案例观察：头部网红的流量矩阵玩法

近几年，头部网红受到了广泛关注，他们有着高知名度、高活跃度、高曝光度和高收入，在各大互联网平台上，头部网红就是流量和资源的代名词。

分析头部网红的平台布局，我们能发现一个共同的特征：发展于某个平台，在得到关注后，迅速地向全网扩张。

我们以某头部网红为例进行分析，他的主战场在淘宝，在形成自身的流量后，他快速布局了抖音、微博、B站、小红书，形成了五大平台矩阵。针对不同的平台，采取了不同的运营策略。

平台矩阵				
淘宝	抖音	微博	B站	小红书

▶ 一、淘宝，持续保持话题和热度

淘宝直播带货是某头部网红的本职工作，也是他最主要的战场。

在这里,他尝试了与明星在直播间互动等多种形式的直播,多次登上微博热搜榜,为他带来了源源不断的话题和热度。

二、抖音,最大化占有流量红利

一开始,某头部网红深耕自己所擅长的垂直领域,在垂直领域做到数一数二后,他开始拓宽自己的影响范围,现在他的短视频以泛娱乐为主,有参加综艺及线下活动的剪辑,有与明星在直播间隙的互动,也有自己的日常生活记录,最大化覆盖用户。

三、微博,集中品牌展示,实现日常引流

某头部网红的微博内容以直播预告、当日商品清单、直播间引流、抽奖等为主,穿插着他参与的各大品牌活动、综艺节目的路透和宣传,主要承担了日常宣传的功能。

四、B 站,尝试多种风格,拓宽受众范围

B 站最大的特色是视频内容不受时长限制。在 B 站,某头部网红做了很多契合 B 站受众的尝试。例如,出去旅游带什么、公关礼包开箱等内容,既具有娱乐属性,又能宣传引流;既可以为粉丝带来不一样的惊喜,又能逐步拓宽受众范围。

五、小红书,深耕粉丝群体

小红书的受众和某头部网红的粉丝重合度很高,小红书是他多平台运营的必然选择。有统计资料显示,某头部网红的小红书账号保持较高的更新频率,平均 1.41 天更新 1 篇,内容以"种草"笔记

为主，收藏量和分享量都非常高。目前，他在小红书拥有 1000 多万粉丝，他的账号流量呈稳定上升趋势。

某头部网红的平台矩阵运营策略非常清晰：根据平台属性，发布不同的内容，使用不同的运营思路，用差异化的内容狙击平台的核心用户群体，实现最大化引流。

目前，各个平台纷纷调整自身定位，希望通过切准垂直圈层，发力个性化垂直领域，来满足用户的兴趣。

例如，小红书以年轻女性用户为主，是美妆时尚领域的头部平台；知乎注重分享和发现，通过友好与理性的氛围，连接了各行各业的精英，它鼓励用户分享专业知识、经验、见解，它可以源源不断地提供高质量信息；B 站则以特有的"二次元文化"撑起了半壁江山，受众多是年轻人。掌握了每个平台的特点，弄清楚每个平台的"显规则""潜规则"等，我们才能更好地利用平台的优势。

第二节
微博的引流规则

创新工场董事长兼 CEO 李开复曾说："看一看新浪微博、腾讯微博的名人榜上，动辄数百万的粉丝量吧；看一看以微博为媒介的各种热点事件吧！无论怎样夸张地形容都不过分，微博已经成为全球最具活力的社会化新媒体！"

作为每次发布都不超过 140 个字的微型博客，微博早已是当下人们表达自己、传播思想、吸引关注的网络传播平台。

微博作为开放式社交平台,在用户关系上具有矩阵式特点。各种用户由于不同的兴趣点和侧重点,汇集成不同的矩阵,微博的优势是显而易见的。

即时性强
传播力强
视频流量大
亲和度高
精准度高

> (1)即时性强。一条关注度较高的微博发布后,短时间内就能被转发,被人们看到,这种高速的传播恐怕任何传统媒体都难以做到。

> (2)传播力强。微博简单方便的操作流程让用户随时随地都能发布信息,基本不受周围环境的影响。微博的传播方式犹如原子核裂变一般,由一个人传给一圈人,由一圈人传给一群人,如滚雪球般瞬间裹挟着大量人群,其传播力可想而知。微博的交流方式看似随意,其实用户渗透率更高,传播影响力也更大,这样产生的潜移默化的影响效果要比直白的广告更好。

> (3)精准度高。企业可以关注有潜在消费力的微博用户,观察他们感兴趣的活动和话题。同时,企业微博保持活跃,也能引来对产品感兴趣的用户的关注。这两部分人都是企业的目标客户,与他们在线沟通就是直接接触到了市场第一线。所以,无论企业是通过微博收集市场反馈,还是品牌传播,面对的都是更加精准的消费群体。

> （4）亲和度高。微博上的交流最好是温情、有趣、生活化的。通过片段式、随机性的发言，不仅可以进行各种企业宣传，也可以提供售后服务等，尽可能为用户提供帮助，给用户良好的感觉。

> （5）视频流量大。随着短视频行业的发展和消费形式的改变，视频化已成为各种社交平台和内容平台的转型战略。微博近几年也在进行视频化转型，短视频已成为微博新的产品核心。在微博发布短视频可以获得大量流量。

"螺蛳粉×"是北京的一家以卖螺蛳粉出名的店铺。餐饮企业经营的重中之重就是地段，而这家餐饮店却打破了地段定律。虽然它的位置有点偏僻，但生意很火爆，这是怎么做到的呢？

原来这家餐饮店的微博粉丝数过万，它的顾客 80% 都是从微博吸引而来的。"螺蛳粉×"是低成本引流的范例。通过微博，"螺蛳粉×"精准地抓住了自己的目标客户，并通过互动与客户之间形成了紧密联系，从而培养了一大批回头客。它的成本仅仅是每天发几条有趣的微博，并及时更新每日餐谱。

微博引流的注意事项如下。

一、内容是吸引用户最关键的因素

一篇有深度的文章，一条制作精良的 Vlog，都是吸引关注的根本。需要注意的是，在微博上只发广告无异于浪费时间，因为这样没人会去关注你的微博。

二、微博上有不少可以使用的营销工具

其中新手最常用的营销工具是粉丝服务与粉丝头条，通过粉丝

服务可以设置关注自动回复私信、使用官方抽奖平台、发放粉丝红包以及查看近期粉丝增长趋势；通过粉丝头条可以快速对内容进行推广，从而可以获得更多与账户相匹配的优质粉丝。

▶ 三、微博的转发抽奖活动

利用微博中转发抽奖的小助手，可以做一些活动，如 @ 三个好友并转发加关注就可以参与抽奖等。

第三节
抖音的引流规则

传统营销模式下，人流量决定着财富。一个位置好、人流量大的线下店铺，再加上不错的产品，很容易就能做强。现在已经是移动互联网时代，平台发挥着地段的作用，人流大的平台上的个体就能得到强大的助力。

2021 年年初，抖音官方数据显示：日活用户超过 6 亿人，视频日搜索量超过 4 亿条。

春节前，某明星在抖音上开通首个个人社交账号，该账号以每天 1000 万人的速度涨粉，很快就拥有了 5600 万粉丝，这一方面证实了该明星的个人影响力；另一方面也反映了抖音用户的数量和日活跃度。抖音的用户量大、用户活跃度高、使用频次高，用户对抖音的使用黏度强，这保证了抖音是引流时不可忽视的平台。

抖音的最大特点是重算法、轻粉丝，实行以优质内容为导向的"计划经济"。这对于优秀创作者来说是好消息。越是受关注的短视频，抖音越会给予流量倾斜，助力成为爆款。**平台以滚动式的推荐为主，流量分发的核心是算法和内容质量反馈**，粉丝关注成为次要标准。

平台基于内容质量等给予短视频初始流量池，推送给相关用户及部分粉丝（根据卡思数据，第一批看到视频的人中仅包含约10%的粉丝），并根据完播率、点赞率、互动率、转发率等反馈指标进行下一步流量分配，具体规则如下。

> （1）**完播率**。发布短视频后看完的人数持续增高，推荐量会慢慢增长。

> （2）**点赞率**。抖音官方公布的优质短视频的点赞率是3%（即比方点赞比），如果你的比方点赞比高于或接近3%，抖音会给你更多推荐量。

> （3）**互动率**。短视频评论互动是账号活跃度检测的一个重要指标，与抖音算法推荐机制直接挂钩。

> （4）**转发率**。短视频的转发量越高抖音的推荐量就越高，如果能被推

荐到首页，转发量一般都不会低。

> （5）**复播率**。短视频重复播放代表着用户对视频的肯定，抖音算法推荐机制也会相应增加推荐。

管控较强的分发逻辑有助于制作爆款和获取粉丝，初次流量分配后，较好的内容反馈可获得二次甚至三次流量推荐，进而扩大优质内容的辐射范围，打造爆款短视频。这就造成了一种现象：内容创作者凭借单个爆款短视频可以获得十万甚至百万的粉丝。

抖音短视频上热门意味着曝光率的增长、播放率的增长、点赞率的增长，也意味着播放量至少在1000万以上，随之而来的就是点赞量、评论量、粉丝量的增长。那么，在抖音中怎么才能上热门呢？

一、跟上热门挑战

用户观看抖音短视频通常会刷到抖音推荐的短视频，或者是自己感兴趣的短视频，其次就是热门挑战。如果发现抖音新出的热门挑战只有少数人参与，但你觉得这个挑战可能会火，这时快速跟进，去做一些模仿的内容，就很可能被推荐。往往这些短视频可以获得更高的播放量，进而提高点赞率。

二、多用热门音乐

选音乐要选择有趣、易传播的音乐，比如，抖音上最近有一段背景音乐特别火，那么就可以将这段背景音乐插入视频中（注意版权问题，部分音乐的版权平台可能已经购买）。这类短视频更容易得到推荐，获得更多流量。

三、紧跟热点，发布"短、平、快"的内容

抖音的一大特点就是"短、平、快"。我们如果能保持敏锐的嗅觉，紧跟热点，发布"短、平、快"的内容，就很容易上热门和被推荐。

四、多@抖音小助手

@抖音小助手一定程度上会对短视频上热门有帮助，建议大家发布短视频时可以@抖音小助手。

五、善用评论区

回复粉丝的问题，和粉丝进行互动，可以很好地提升粉丝的活跃度，增加粉丝黏性。

六、把握流量高峰期

发布抖音短视频要注意时间段，一般流量高的时间段如下。

（1）6:00—9:00。自由职业人群睡醒后起床前会刷抖音，上班族在地铁、公交上，或者在正式工作前会刷抖音，此时刷短视频的人较多。

（2）12:00—14:00。这一时间段是午休时间，吃饭时或吃完饭后都会有人习惯性地刷抖音。

（3）16:00—18:00。临近下班时间，在劳累一天后，大家适当地放松一下，有些人就会打开抖音刷短视频。

（4）20:00—24:00。这是流量最高的时间段，大部分人都忙完

工作准备休息了，有心情也有闲情刷抖音。

（5）**周六日的任意时间段**。周六日的任意时间段都可能成为流量高峰。

值得一提的是，抖音后台会根据粉丝量和实际点赞量的比例进行测评。假如 A 有 3000 多粉丝，可内容页没有任何点赞，这种情况首推也只能有几十个。所以，**花钱买粉的简单做法在这里是行不通的**，只能欺骗自己，却瞒不过后台智能技术的"法眼"。另外，强大的后台智能技术同样能覆盖评论区，因此**刷评论的意义也不大**。

也就是说，**在抖音，内容才是王者**，搞清楚了它的推荐机制，然后踏踏实实地做内容，才是最正确的选择。

第四节
小红书的引流规则

第三方平台易观发布的数据显示：截至 2021 年 8 月小红书月活跃用户数约为 1.6 亿人，较 2020 年 1 月增长 97%，日活跃用户数同比增长 110%。从用户体量上来看，小红书比微博、抖音等平台少很多，但是，小红书平台有一个显著的特点，用户大多为一线或二线城市的"90 后"女性，也就是说，**小红书是一个很适合做女性产品内容营销的平台**。

有数据显示：年轻女性的购买能力排在第一位。小红书以女性用户为主，用户购买力强，现在越来越被商家看好。

易观发布的《中国美食内容消费用户洞察 2021》报告显示：后

疫情时代，用户更常使用包括抖音、快手、小红书、B站等综合内容平台搜索美食内容，而不再是传统美食垂直社区。在各平台中，**小红书成为年轻人使用频率最高的美食菜谱内容平台。**

目前，小红书的内容以美食菜谱、美容化妆、护肤为核心。2019年6月，小红书小范围测试直播功能，整体风格与淘宝的现场直播相似。从2020年起，"直播+笔记"成为小红书的标配玩法。

小红书流量逻辑有两个核心点：内容标签和社交关系链。

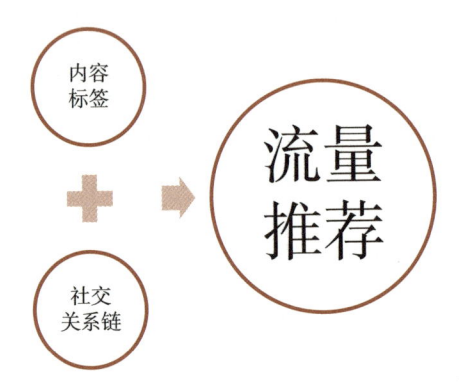

（1）根据平台的推荐算法，小红书会倾向于向用户推荐用户喜欢的内容，因此我们在小红书引流时，内容关键词就要做好。

（2）小红书的首页有个"附近"，会给用户推荐距离20km内的内容。因此，我们在发布内容时加上位置信息，能更有效地引流。

（3）小红书的搜索框一般会放一些小红书的主推话题，因此我们的内容质量就显得格外重要，不管用户是自主搜索还是从热门话题点击进去，在页面前几条的内容是最容易得到用户点击的。

（4）小红书会根据点赞量、收藏量、评论量等来判定笔记是否优质，因此运营小红书，我们可以适当地进行人为干预，适当地评论、点赞我们的作品，增加笔记的活跃度和反馈度，从而增加笔记的权重。

不管是做哪个平台都要熟悉该平台的规则。小红书的规则和其他平台不一样，它的规则更具独特性。

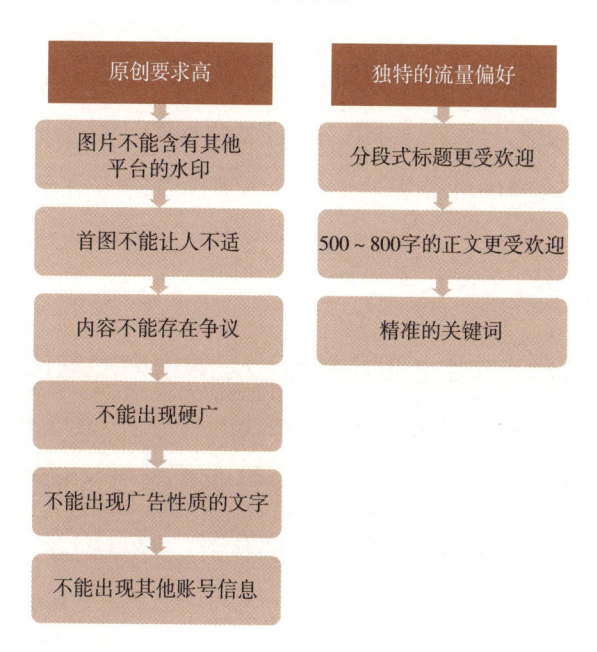

```
原创要求高                        独特的流量偏好

图片不能含有其他              分段式标题更受欢迎
平台的水印
    ↓
首图不能让人不适              500~800字的正文更受欢迎
    ↓
内容不能存在争议              精准的关键词
    ↓
不能出现硬广
    ↓
不能出现广告性质的文字
    ↓
不能出现其他账号信息
```

▶ 一、内容的原创性

小红书对原创笔记的要求极高，因此要保证内容的原创性。笔记内容的图片不能含有其他平台的水印，笔记中不能出现让人不适的内容、存在争议的内容、假货内容以及硬广等。

如果内容中含有广告性质的文字，如"找我购买""可代购""转卖"等词语会被当作违规内容。如果内容中出现一些与账号信息相关的词语也会被限制，如微信号、链接、淘口令、手机号等。

二、独特的流量偏好

小红书平台有自己独特的流量偏好，会有适当的流量倾斜。

（一）分段式标题

根据小红书的算法推荐机制，要让机器识别自己的笔记为好笔记，推荐大家使用分段式标题，如"七夕礼物 | 必备礼物指南"等，这样的标题能够增加推荐算法识别时判断为好笔记的可能性。

（二）适当的文字长度

小红书笔记的文字长度不能太短，如果你的笔记只有一两行，那么系统给你的推荐量会是平台最低的。因此一篇笔记要想获得较高的推荐，笔记的长度和版式结构是非常重要的因素。根据平台的规则，笔记的文本长度上限是1000字，适宜的文本长度要达到500~800字。

（三）精准的关键词

一篇笔记在开头、中间、结尾等都要设置好关键词，凸显该笔记的主要内容，为受众提供主要信息。关键词的设置能提高笔记被搜索到的可能性，提高曝光量。

要玩转小红书，一定要学会打造"种草"内容。一旦你的账号被判定为营销账号，笔记就很难被收录。另外，在发布时也要注意技巧，一般来说，笔记干货内容和广告内容的比例最好为3∶1。

如果做到了以上几点，小红书就可以成为一个有力的引流杀器，它是一个偏电商的平台，许多用户来小红书，是受到类似"逛街购物"的心情驱动的，它与抖音等泛娱乐化平台有着本质的区别，在这里，用户被"种草"的可能性较大，带货转化能力较强。

第五节
B 站的引流规则

2021 年第一季度，哔哩哔哩（B 站）月活跃用户数达 2.23 亿人，在 2020 年的基数上同比增长 30%；其中移动端月活跃用户数突破 2 亿人，同比增长 33%；同时，日活跃用户数突破 6000 万人，同比增长 18%，体现出高活跃、高互动的特点。

很多人认为，B 站是"二次元"的专属圈子，商业价值不大，殊不知，这一情况已经发生了改变。

第三方数据平台 iFans 对 B 站 2020 年的经营数据进行了分析。

> （1）各行各业都已经加大了在 B 站上的广告投放，其中快消、时尚行业投放量比较多。

> （2）随着 B 站用户体量的提升，流量价值也越来越受品牌方青睐。2020 年，在 B 站做营销的品牌方数量较 2019 年翻了 1.8 倍，品牌方们看好 B 站，期望用内容玩转公私域流量，打通品牌营销和品牌号的流量闭环。

> （3）大量的科技类公司都在 B 站开通了账号。

> （4）2020 年，B 站涌入大量超过 30 岁的用户，用户从过去的"90

后""00后",已经逐步发展到了"85后""80后",目前B站86%的用户在35岁以下。

2021年的"五四"青年节，B站继2020年的《后浪》后，再度推出视频《我不想做这样的人》，引发行业热议，全网曝光量近1亿。这在侧面证明了B站已成为"Z+世代"（出生于1985—2009年间的用户）首选的视频社区。

随着"Z+世代"日渐成为社会的中坚力量，他们正影响着中国的文化市场和消费市场。同时，B站正日益成为品牌营销中不容忽视的存在。我们如何在B站进行引流呢？

▶ 一、视频引流

视频内容上，根据B站排行榜来看，"鬼畜"板块是B站的最大板块，创作题材不限、制作水平不限，并且拥有大量受众，任何影视作品、视频、音频都能成为"鬼畜"素材；舞蹈作为B站"二次元"传统板块，以舞蹈为输出核心，是B站的热门板块；游戏也是B站用户的"心头肉"，B站用户喜好的游戏，并不局限于流行游戏，还包括单机等多种游戏；数码类视频也很受热捧，不过这类视频内容都十分硬核，干货满满；美食、美妆、生活类视频，都是通过趣味性收割用户的，质量是热度的唯一要求。

另外，有数据显示：在B站学习的人数超过了每年高考和考研人数之和。B站内容创作的一大特点是轻度教学。2019年4月17日，央视网刊发了一篇名为"知道吗？这届年轻人爱上B站搞学习"的文章，文章中称B站"早非昔日的'二次元'标签可概括"，B站已经成为年轻人学习的首选阵地。

二、评论引流

发挥 B 站高互动的特点，可以关注一批同领域的热门用户，在他们的视频或专栏中发表评论，他们的粉丝多、流量大，认真评论就能成功吸引到关注。

三、弹幕引流

B 站最大的特点就是及时互动的弹幕，相对于其他平台，B 站的弹幕吐槽很有看点，很多人都是冲着弹幕去的，因此在热门视频的开头或结尾发布弹幕，多发一些，以量取胜，就能获得很好的引流效果。

第六节
知乎的引流规则

《知乎财报》显示：知乎在 2021 年第二季度的平均月活跃用户数为 9430 万人，比 2020 年第二季度增长 46.2%；平均月付费会员数达到 470 万人，比 2020 年第二季度增长 121.1%。

2020 年，知乎移动端月均用户数和收入都处于中国综合性在线内容社区前五名，作为**在线问答类社区**，知乎凭借着"专业、认真、友善"的社区氛围，正凸显出越来越大的商业价值。

与其他平台相比，知乎的独特性如下。

```
                    更侧重于
                    事件的价值
                      讨论

  占据了网民                           聚焦心中带有
  心中最值得    ←    知乎    →        问题的人群
  信赖的问答
    的地位

                    人群素质高、
                    购买力强
```

➢ (1) 2019 年 4 月 15 日，法国巴黎圣母院发生火灾，这一事件在微博和知乎都上了热搜榜，微博用户传递的是信息；而知乎用户的讨论内容则涉及了巴黎圣母院的历史、三维模型、失火原因、灾后修复，以及世界文化遗产的价值和对我国古建筑保护的启示等。这一事件表现出两个平台的不同特性：**微博更侧重信息的快速传递，而知乎则更侧重事件的价值讨论**。

➢ (2) 知乎的口号是：有问题上知乎！它聚焦的人群大多是带有问题的，有问题就需要解决，就产生了需求，那些能提供优质、专业答案的人很容易获得用户的关注。

➢ (3) 第三方调查数据显示：**知乎用户从事的行业大多为互联网、金融、高等教育、高新科技、电子商务、临床医疗等**，知乎用户的毕业院校大多为北京大学、清华大学、浙江大学、武汉大学、上海交通大学、复旦大学、中山大学、华中科技大学等。也就是说，知乎用户以素质高、经济能力强、购买力强的白领、高级知识分子、程序员等为主，他们并不抗拒为真正有价值的服务或产品付费。

> （4）2020年年底，知乎已经积累了超过4400万个问题和2.4亿个回答。这些回答大多专业、客观、靠谱，且没有资本的主导。在问答领域，知乎已经超过百度知道、悟空问答等平台。

知乎平台的流量有需求，并且非常精准，数量也足够大，这使越来越多人选择知乎引流，知乎引流的主流领域有以下六个。

> （1）问答。问答更具竞争力，每一个问题都是一个精准流量池，找准问题回答角度后，拥有更多分发渠道。

> （2）文章。文章更具私域性。

> （3）视频。知乎目前对视频领域还处于探索阶段，所以十分鼓励视频创作，流量扶持也非常大。

> （4）**热榜**。热榜是知乎最活跃的板块，用户习惯从热榜了解当天的热门事件，流量非常大。

> （5）话题。适合做大类目，如职场、化妆、游戏等很多人关注的话题。

> （6）搜索。搜索流量精准度高，而且通过搜索关键词匹配及排名优化，可从站内站外获取源源不断的自然流量。

具体应该怎么引流呢？

一、回答热门问题

搜索自身行业、产品或需求等关键词，通过回答热点问题吸引目标用户的关注。例如，卖化妆品的企业，可以搜索化妆技巧、皮肤护理等关键词，在相关问题下进行回答，如果回答的内容有价值，用户刚好有需求就会获得引流效果。

❯ 二、评论热门答案

热门答案已经形成了足够大的流量池，其展示量和展示位置都有保证，我们巧妙借势，在热门答案下面进行专业、有价值的评论，同样能吸引到有需求的人的关注。

❯ 三、发布高质量原创文章

知乎不仅能问答问题，还能写文章，如果专业水平不错，还可以开通个人专栏，对于提升账号权重很有帮助。文章应当以分享干货为主，用户如果感兴趣会进行评论或发私信。

第三章

直播吸粉,畅享最大流量

2020年，突发的新冠肺炎疫情对原来的商业模式造成了全面颠覆，直播带货破圈而出，卖日用品、卖化妆品、卖车、卖房、卖火箭发射服务等，只有人们想不到的，没有直播不能卖的。同时，企业家、明星、网红、销售员、个体等各行各业的人都在尝试直播。

2020年淘宝"双十一"的统计数据显示，**直播已经成为商家的带货战场**，商家自播商品交易总额（Gross Merchandise Volume，GMV）占比超60%，直播商家覆盖数增长220%。直播对于企业来说不仅仅是促销手段，也不仅仅是品牌宣传的渠道，直播已经成为企业必须去重视和经营的第三个销售渠道，正逐渐拥有与线下渠道、传统电商渠道同等重要的意义，完成直播引流，已经成为各行各业发展的必经之路。

第一节
案例观察：新东方直播爆火的启示

目前，消费者面对各种各样的商业推广已经出现了视觉疲劳，很难被一些商品广告信息所吸引。同时，消费者由于快节奏的生活不愿意去花太多时间阅读。一些长而密的内容，对消费者是没有吸引力的，直播正好满足了消费者的需求。

粉丝从0人到100万人，用时六个月；从100万人到200万人，只用了三天；从200万人到300万人，只用了两天。这是新东方直播团队创下的业绩。

2021年，"双减"政策发布后，教育培训行业进入寒冬，作为教育培训行业领军企业的新东方无奈砍掉了教育培训业务。2022年，新东方市值下降了90%，蒸发2000亿元，员工从11万人降到了5万人。

目前，新东方已经进入直播领域，并推出了助农品牌"东方甄选"。在默默耕耘半年后，东方甄选凭借着双语直播、知识输出等特征，短短几天实现爆发增长，连带着新东方市值也实现了增长。

与传统电商不同，直播电商在很大程度上打破了消费者对货物看不见、摸不着、感受不到的现状，而相比图片和文字，视频的信息更丰富，使消费者能够更为直观且全面地了解产品及服务信息。另外，直播带货的互动性极强，消费者在观看直播时可以实时和主播进行互动，咨询产品问题，全方位了解产品，提高决策效率，最终达到购买的效果。

凭借着展示性、互动性、真实性等特征，直播电商受到了平台、商家等各方面的青睐，也成为不容忽视的引流途径。

直播引流的优势如下。

➢（1）只要一部手机，任何人都可以开始直播，引流成本非常低。

➢（2）直播平台作为公众传播平台，它可以增加曝光率，尤其是在各大平台有流量倾斜时，直播是一个进行品牌推广的有效窗口。

➢（3）如果粉丝喜欢主播，就会有一定的黏性，主播只要能持续输出内容，粉丝就有很大概率留下来。粉丝的黏性高，引流效果就较好。

➢（4）直播是打造品牌IP的有力途径，在品牌IP的长尾效应下，引流的效果会成倍放大。

第二节
播前预热，抓住眼球

著名诺贝尔奖获得者赫伯特·西蒙在对当今经济发展趋势进行预测时指出："随着信息的发展，有价值的不是信息，而是注意力。"这种观点被 IT 行业和管理界形象地描述为"注意力经济（the economy of attention）"。

所谓注意力，在心理学上，就是指人们关注一个主题、一个事件、一种行为和多种信息的持久程度。进一步说，注意力经济是指最大限度地吸引用户或消费者的注意力，通过培养潜在的消费群体，以期获得最大的商业利益的经济模式。

在这种经济模式中，最重要的资源既不是传统意义上的货币资本，也不是信息本身，而是大众的注意力，只有大众注意到某种产品了，才有可能成为其消费者，购买这种产品。而要吸引大众的注意力，重要的手段之一就是视觉上的争夺，也正因如此，注意力经济也被称为"眼球经济"。

很多企业大张旗鼓地搞直播，却收效甚微，翻不起浪花，最多只能冒个水泡，其根本原因就是开始直播前的预热没有做好。我们可以尝试一些被实践检验过的、有效果的播前预热方法。

❯ 一、开播前站外分享和宣传

充分利用微信、微博等平台告知粉丝直播时间和直播优惠。可以提前 3~5 天在会员群传播预热，提前 1~2 天在公众号发布推文进行宣传。开播后，还可以在群里分享邀请链接。

❯ 二、活动预热

直播前 1~2 天可以通过平台以转发抽奖、发优惠券等方式进行直播预热，注意告知粉丝直播时间、直播专享优惠。如果有抽奖活动，开奖名单可以在直播间公布，以吸引粉丝观看直播。

❯ 三、开播前站内发布短视频预告

可以提前 1~3 小时发布直播预告，视频中可以告诉粉丝直播间的惊喜，如价格优惠、直播福利等，也可以设置一些悬念和期待，吸引粉丝进入直播间。短视频中的评论区域，可以充分利用起来，在回答粉丝问题时引导粉丝进入直播间观看问题的详细解决方案，并注意告诉粉丝直播时间。

第三节
突出主播魅力，拿下印象分

2020 年 7 月，人社部联合其他部门发布了第三批新职业，其中**有一个职业非常惹眼，即互联网营销师**，一直备受关注的"电商主播""带货网红"被列入了"互联网营销师"职业下增设的"**直播销售员**"。

作为线上销售员，电商主播和传统线下销售员有相通之处，同时又具有独特特征。

心理学研究发现，与一个人初次会面，45秒内就能产生第一印象。第一印象会对他人的社会知觉产生较强的影响，并且在对方的头脑中形成主导地位。这就是**心理学中知名的首因效应，也叫"第一印象"效应**。

因为由最初接触到的信息形成的印象对我们以后的行为活动有着决定性的影响，所以销售员给客户留下值得信赖的印象非常重要，这一原则适用于线下销售员，也适用于电商主播。

在直播界面上，只需轻轻拨动手指，用户由就能快速滑走，切换成本极低。主播带给网友的第一印象会直接影响网友的去留。留下好印象的方法如下。

> （1）良好的气质可以让观众快速记住主播。因为有独特的记忆点的主播更易获得用户的喜欢，从而获得用户的关注，让用户成为黏性高的粉丝。主播可以让自己的优点充分展示，从而吸引粉丝关注。

> （2）突出主播的内在魅力。很多人认为，电商主播的颜值要高。**在商家眼里，合格的主播首先要有很强的亲和力，也就是沟通能力、说服力、带动力，要足够深入人心。**

> （3）通过服装和妆容突出主播的魅力。某服装设计大师认为："服装不能造出完人，但是第一印象的80%来自着装。"服装和妆

容是头等重要的"形象要素"，得体的穿着，不仅可以给人留下好印象，还可以体现主播的修养和品位。主播的服装和妆容应遵循 TOP 原则，即时间（Time）、场合（Occasion）和地点（Place），着装应该与开播时间、所处场合以及地点相协调。

➤（4）注意言谈举止。在人际交往中，身体语言信息要比有声语言信息的内涵多数倍。人与人交往中，我们能以直观迅速的方式，去理解别人的身体语言，这对于发现积极的或消极的信号有一定作用。主播直播时要注意眼神真诚、保持微笑，这些都有利于带给观众良好的印象。

我们凭借自身的外在特征，留给粉丝固定的识别符号，就能形成独特的个人魅力，实现一定的引流效果。

第四节
产品价值引流，强化利益点

很多人可能会觉得电商主播赚钱容易："在镜头前张张嘴，就能赚那么多钱！"但实际上，在观众看不到的地方，主播也非常努力。

无论直播间如何热闹，利益才是最深的联系，粉丝在直播间下单的理由很简单：买到自己需要的、性价比高的产品。如果主播卖的产品价格比别人高，粉丝不会买单；如果主播卖的产品品质不好粉丝买了一次，绝不会再次购买。这就需要<u>主播一定要做好选品</u>。

选品时做到以下四点，产品自身就能发挥引流作用。

```
┌─────────────────┬─────────────────┐
│ 性价比高、客单价低的│ 销售基础好的产品 │
│      产品       │                 │
│            ┌─引流产品─┐            │
│ 符合粉丝画像的产品│   热门产品      │
└─────────────────┴─────────────────┘
```

- (1) **选择性价比高、客单价低的产品**。这类产品对于消费者来说，试错成本低，很适合刚开始直播带货时考虑。

- (2) 选择销售基础好的产品。如果产品本身质量较好，且已经获得了消费者的认可，形成了固定的消费群，这类产品更容易令直播间的观众产生信任感，也更容易让消费者产生购买行为。

- (3) 选择符合粉丝画像的产品。根据粉丝的年龄、地域、性别等信息去分析粉丝的需求，再根据需求去选择产品，这样粉丝的购买率会更高。

- (4) 选择热门产品。在节假日等特殊时期，一些热门产品是基本固定的，如端午节的粽子、中秋节的月饼等。非节假日，我们可以利用第三方数据软件去查看直播中哪些产品的销量好，哪些产品被点击的次数最多。根据这些数据，我们能够知道高销量的产品的名称、品类、单价、来源等信息，然后再根据自身定位去筛选合适的产品。

小米创始人雷军说："在当今互联网时代，要想成功，必须做出爆品，有引爆市场的产品和策略。温水你哪怕煮到99℃，也没什么用。唯有沸腾后，才有推动历史进步的力量。"一款爆品能带活一家企业，也能带火一个直播间。品质足够优质、价格足够低、服务足够好、能带给用户极致应用体验的产品，会成为流量的源泉。

第五节
准备有趣有料的内容

找到了好的、有吸引力的产品，接下来的一个难题就是如何将它们介绍给粉丝。直播时，最怕的事情就是冷场，不知道该跟用户说什么，找不到话题聊。

在这方面，某主播绝对是高手。卖大米时，他说："我没有带你去看过长白山皑皑的白雪；我没有带你去感受过十月田间吹过的微风；我没有带你去看过沉甸甸地弯下腰，犹如智者一般的谷穗；我没有带你去见证过这一切，但是亲爱的，我可以让你品尝这样的大米。"

卖桃子时，他说："美好就像你我站在一片空地上，面前是一片桃园，阳光普照、微风习习，树叶晃动的时候，枝头那一束束的、一串串的、一堆堆的、聚在一起的、晒透了阳光的、散发着诱人红晕的、拨开皮汁水清冽的桃子，令人心醉神迷。"凭几句话就带给人一种美好的感受。

直播间的人气与直播间的氛围有关，**直播间的氛围需要主播来调动**，这就要求主播有强大的控场能力。而**直播的控场能力与主播的个人能力有关**，更与主播有没有做好准备有关。

在准备时，我们要先搞清楚直播的目的，一般来说，直播有三个目的。

（1）客户服务。把直播作为一种客户服务的通道，加快企业与用户之间的沟通效率，降低服务成本。

（2）品牌宣传。就是把直播视作一种品牌宣传的方式，通过直播传播企业文化和品牌价值，进而扩大品牌的影响力。

（3）招商或销售。这两种都属于售卖模式，一种是售卖企业的商业模式；一种是售卖产品的商业模式。第（3）个目的是最常见的，也是最难的。在直播之前，明确了自己的目的，我们就能有的放矢。

线下销售一般都有销售话术，标准的销售话术能让产品的导购形成标准，把销售话术搞明白是最稳妥、最保险的销售方式，这一原则同样适用于直播销售。在准备直播内容时，我们可以利用话术陈述中的 FABE 法。

```
         ┌── Feature   ── 商品的特征
         │
         ├── Advantage ── 商品的利益
FABE法 ──┤
         ├── Benefit   ── 关注用户的利益
         │
         └── Evidence  ── 满足消费者需要的证据
```

➢（1）F 即商品的特征（Feature），也就是针对销售对象的属性，尽可能详细地将它的优势列出来。

➢（2）A 即商品的利益（Advantage），也就是商品能发挥什么功能，为使用者能提供哪些东西。

➢（3）B 即关注用户的利益（Benefit），也就是要结合商品的特征与用户所需的利益，击中客户的痛点。

➢（4）E 即满足消费者需要的证据（Evidence），也就是信任背书，如证明书、样品、商品说明、录音、录像带等。

掌握了 FABE 法，一般就能避免在直播中出现冷场的情况。值得注意的是，因为直播间会不断进入新用户，所以重要的信息一定要反复讲。

例如，美妆个护产品在强调功能时，切记不要用太多感受不到的形容词，如自信、充满魅力等，这些对于消费者进行决策没什么用；需要使用一些能触动情绪的语句，如"用了这款口红嘴巴就会变甜"等。相比之下，这样的话语让观众更容易产生购买欲。

为了调动直播间的氛围，主播有必要提前准备一些句子和故事，这些句子和故事可以瞬间拉近主播与观众之间的距离，起到暖场的作用，如"直播不倒，陪你到老"等。

直播前可以提前准备一些这样的句子和故事，在没话可讲时可以讲出来。很多时候，一个会心一笑的故事能轻松带动观众的积极性，让观众积极评论、转发、点赞直播间，这样无形之中会为直播间带来更多观众。

"站在台风口上，猪都可以飞起来"，小米创始人雷军的这句话被很多人认可，可惜很多人只知道这一句，却不知道后面还有一句。在 2001 年的"互联网创业与投资机遇"分论坛上，雷军发言："创业能否成功要靠命。所谓命，就是在合适的时间做合适的事，创业者需要花大量时间去思考，如何找到能够让猪飞起来的台风口，只要在台风口，稍微长一双小的翅膀，就能飞得更高。"

我们站在直播的台风口上，要想飞起来，还要长出一双小翅膀，也就是掌握必备的方法，这才是取得成功的关键。

第四章

短视频风口

CNNIC（中国互联网信息中心）发布的《中国互联网络发展状况统计报告》显示：截至2020年12月，我国网络视频用户规模为9.27亿人，占整体网民的93.7%；其中，短视频用户规模为8.73亿人，占整体网民的88.3%。我国短视频行业自4G网络普及以来便实现了高速发展，并且诞生了抖音、快手等数亿用户级的平台，它们在移动互联网时代拥有强大的影响力。

短视频有着其他信息载体无可替代的天然属性：第一，**碎片属性**，现代社会，人们的时间被切割得短小零碎，这成为短视频成长的土壤；第二，**公平属性**，短视频时代，任何人都有一夜爆红的机会，短视频也就成为每家企业都必争的流量蛋糕；第三，**精准属性**，依靠大数据，短视频可以根据用户的爱好、兴趣、习惯等智能地分发内容，一方面对用户形成了致命吸引力；另一方面保证了企业营销的精准性。

第一节

案例观察：某化妆品品牌的教科书式视频营销

2016年10月20日，某化妆品品牌发布了一个名为"四美不开心"的短视频。很快，该视频就呈现出了刷屏情况：上线第三天，微博点击量破千万次，微信有30多家公众号自主传播，其中包含凤凰视频等。最终，在2016年"双十一"前夕，该视频在各视频网站播放量过200万次、微博点击量破3000万次、朋友圈阅读量超30万次。

《四美不开心》短视频爆火的背后是该化妆品品牌的天猫旗舰店完成了有效引流。在2016年"双十一"，其天猫旗舰店以1.45亿元的单日销售额，蝉联天猫"双十一"美妆类销售额第一名。

比引流更重要的是，该品牌凭借着"鬼畜魔性"的短视频完成了品牌年轻化的打造。作为一个诞生于1931年的民族品牌，该品牌是几代国人的记忆。可新一代的消费者，"80后""90后""00后"人群，对它的认知度并不高，能否和年轻人打成一片是这个品牌能否焕发生机的关键。

该品牌认识到新一代年轻人有这样的特征。

> （1）不喜欢严肃平庸、不按常理出牌、充满矛盾。
> （2）与老一辈的人相比较，新一代年轻人更理智。为了捕获他们的心，该品牌摒弃了传统的广告套路，推出了一系列脑洞大开的视频。

继《四美不开心》后，该品牌在短视频传播的路上越走越顺，先后推出了《包公的渴望》《你应该骄傲》等短视频。这些短视频或者在营销上赚足了眼球，或者收获了如潮好评。无论是哪种形式的短视频都实现了品牌与消费者之间的沟通与交流，从感受上捕获了大众的心。

这个案例告诉我们：随着移动互联网时代的发展，当流量、带宽、资费、终端等都不再成为问题，尤其是在短视频移动化、资讯短视频化和短视频社交化的趋势带动下，短视频营销正在成为新的品牌营销风口。

短视频营销有以下优势。

一、短视频能更立体地讲好品牌故事

该化妆品品牌的广告这几年确实花样百出，但是无论多么的脑洞大开，广告短视频都没有偏离其品牌的核心价值——东方之美，比如，《四美不开心》是围绕古代四大美女展开，《我在故宫修文物》是在讲述东方美学等。

在讲好品牌故事的过程中，**与传统手段相比，短视频这一传播形式显然更具优势**，它比图文内容更具三维立体性，它比传统长视频广告更具延展性，它既能融合更能打动消费者的外在元素，还能结合声音、动作、表情等语言让用户更真切地感受到品牌传递的情绪。

二、短视频能更轻松地打动年轻消费者的心

除了老故事新编，该品牌后续还推出了一系列针对都市年轻女性的走心短视频，吸粉无数，并给广大消费者一种感觉：该品牌是专为年轻的女性量身定制的品牌，文艺小清新又不失调皮可爱。

事实证明，该品牌的营销路线是正确的。短视频已经成为当代人的社交名片，短视频已经成为当代年轻人最潮流的社交方式。该品牌通过短视频实现了品牌年轻化的转型，能更轻松地打动年轻消费者的心，使自己变得更加符合年轻消费者的喜好，为品牌带来了大量粉丝和忠实消费者。

三、短视频更容易实现品效合一的传播效果

CNNIC发布的《中国互联网络发展状况统计报告》显示：截至2021年6月，我国网民规模达到了10.11亿人，其中短视频用户规模高达8.88亿人，占比为71.6%。也就是说，短视频领域已经成为我国网民上网冲浪的主要聚集地。另外，有数据显示：我国网民人均每周的上网时间长达27小时，平均每天的上网时间接近4小时。

现在，短视频已经成为很多人获取信息的主要渠道，同时占据了人们大量的空闲时间，比如，我们经常看到人们在等公交车时、在餐厅就餐时、在睡前休闲时低头刷手机的身影。这意味着品牌使用短视频作为与用户交流的通道将更容易被用户接受，品牌的传播效果会更加突出。

第二节
爆款视频的四个锚钩

在长视频统治的时代，人们想做视频营销，需要花费大量的人力和物力（资金），包括制作投入和推广投入。随着短视频的兴起，视频的制作门槛较长视频低了很多。如果能打造出一款爆款视频，不仅视频推广成本能降低，甚至还能赚取收入。短视频已经成为众多商家青睐的营销工具。

什么样的视频才算爆款视频呢？爆款视频要具有以下几个特征。

➢（1）触达率高。
➢（2）过目不忘。
➢（3）自动发酵。
➢（4）能跨平台传播。

我们知道，船只在靠岸停泊时使用锚。锚的锻造方法通常是先锤出四个铁爪子，然后将铁爪子焊接在长长的铁链子上。船能不能成功靠岸，靠的就是锚的抓力。一个视频制作完成后，能不能触达用户，也得靠"锚"的抓力。

现代生理学、心理学的研究证明，在人们接收到的外界信息中，83%以上要通过眼睛，11%要借助听觉，3.5%要依赖触觉，其余则源于味觉和嗅觉。在移动互联网时代，受手机屏幕的阻隔，超级符号可以通过视觉、听觉、动作、文字不断地刺激消费者的大脑记忆中枢，让他们在短期内产生一种强烈的心理效应。与之相对应的，在制作视频时，可以有意识地植入这四个"锚"。

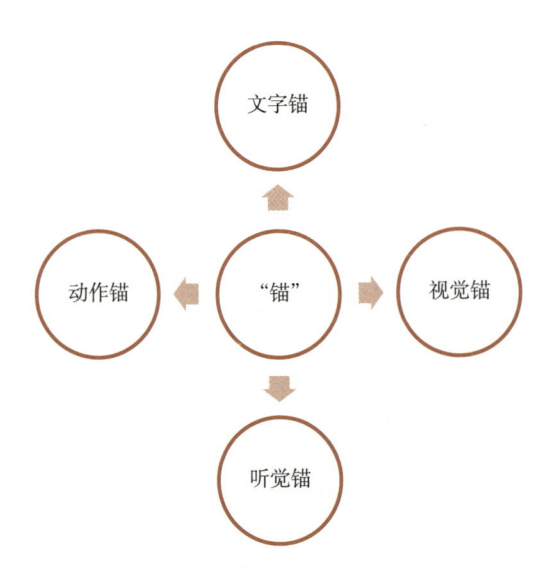

一、文字锚——超级文字抓手

从品牌塑造理论来讲，所谓"文字锚"，就是用简单、粗暴、直接的广告语，重复洗脑，占领消费者脑海。比如，脑白金那句经典的广告语"今年过节不收礼，收礼只收脑白金"，这就是一个典型的超级文字抓手，就是一种文字锚，让人印象深刻。

掌握重点了吗？**短视频一定要有让人记忆深刻的句子！**辛苦制作了一支短视频，但是平淡无奇，没有让人记得住的句子，基本上就可以断定这支视频失败了。

二、视觉锚——超级视觉抓手

在语言不通的国家里，我们看到带有红十字的建筑，自然会认为这是医院，这就是视觉符号的价值所在。符号为什么具有这么大的传播价值呢？在"传播学之父"威尔伯·施拉姆（Wilbur Schramm）看来：**传播是符号的共享**。符号是连接人与人的"工具"，在短视频中打造一个有辨识度的符号，并贯彻到所有视频中去，就等于获得了连接人群的利器。

三、听觉锚——超级听觉抓手

有很多令人印象深刻的广告，这些品牌是通过声音识别度来传递品牌内涵的。例如，在营销广告中，"恒源祥，羊羊羊"这个声音会重复三遍，甚至还推出了十二生肖的版本，从鼠鼠鼠，牛牛牛，一直说到猪猪猪，让人抓狂，但记忆深刻。

如果对自己的嗓音没有自信，那么可以选择一个诙谐有趣的变音。当然，也可以用奇怪的腔调为自己的视频增色。例如，有一个美妆博主，就是用奇怪的腔调收获了百万粉丝。

四、动作锚——超级动作抓手

某招聘软件公司在打造品牌时，就利用了"动作锚"：一群意气风发的年轻人举着公司的LOGO，异口同声地喊道："找工作，跟老板谈……"这个动作让人记忆深刻。这种招数很快被竞争对手学去了，在某互联网汽车交易平台的广告中，代言人做出3000元的手势，伴随着"3000元、3000元，首付3000元"的声音，只听一遍，就让人印象深刻。

说完这四个"锚"，需要强调的是，它们只能为短视频锦上添花，提高短视频的触达率和记忆点，但短视频本身的专业度和娱乐性，还要利用自己的知识认真输出。

第三节
埋入"钩子"，保证完播率

所谓短视频营销，就是指借助短视频这一形式，向目标受众人群传播有价值的内容，吸引他们了解企业的产品和服务，最终达成交易。短视频营销的重中之重是打造符合目标受众审美习惯的内容。

国际推销专家海英兹·姆·戈得曼（Heinz M Goldmann）总结出一种AIDA营销模式，AIDA是四个英文单词的首字母，具体如下。

> （1）A为Attention，即引起注意。
>
> （2）I为Interest，即诱发兴趣。

> （3）D 为 Desire，即刺激欲望。

> （4）A 为 Action，即促成购买。

AIDA 的具体含义是指一次成功的营销必须把用户的注意力吸引或转变到品牌或产品上，使消费者对品牌或产品产生兴趣，这样消费者的购买欲望才会随之产生，再促使消费者完成购买行为，就达成了交易。

短视频营销也应遵循 AIDA 营销模式：首先拍出的短视频内容要新颖，至少能吸引一部分用户，才能引发其他用户跟风，诱发兴趣进而刺激欲望、促成购买。

打造短视频的第一步是创作脚本。脚本就像是将图像、台词、音乐等各种元素串联起来的"骨骼"，它决定着短视频的风格和走向。

一、做好短视频的开头

在短视频行业有一个词语叫"黄金三秒"，意思就是短视频的前三秒内容非常重要，如果做好了就会吸引用户继续看下去；如果前三秒内容没能引发用户的兴趣与好奇，用户就会滑走，后面的内容也就没有机会展示了。

那么，如何做好短视频的开头呢？

一个能留住人的短视频开头就要在最开始用最简单的语言告诉目标受众："看完这个短视频你能得到什么。"让他们建立起心理预期，有耐心地看下去。短视频的开头一般会呈现以下四种风格。

```
┌─────────────────┬─────────────────┐
│   悬念话题       │  高生活关联度话题 │
│         ┌─────┐             │
│         │好开头│             │
│         └─────┘             │
│   干货前置       │   冲突性话题     │
└─────────────────┴─────────────────┘
```

第一种开头是抛出有悬念性的话题，这样的开头能引发用户迫切地往下看的好奇心。

第二种开头是抛出与受众日常生活关联度较高的话题，比如"空腹真的不能喝牛奶吗？"这就需要我们要充分了解用户画像，能准确捕捉到他们感同身受的问题，击中用户内心，能更容易让用户关注自己。

第三种开头是抛出具有冲突性的话题，这样的话题能打破大众的常规思维，勾起用户的好奇心，引导他们继续观看视频，解答心中疑惑。

第四种开头是用非常确定的语气把有料的干货前置，利用人们的认知心理，通过高诱惑力的信息迅速吸引用户的注意力。

▶ 二、设置包袱

相声表演讲究包袱不断，就是经过细密地组织、铺垫，接连抛出笑料，达到喜剧效果，进而保证观众越听越爱听，越看越爱看。有了好的短视频开头后，接下来的短视频内容也要像相声中的包袱一样，设置足够多的看点，每个看点都能形成对用户的吸引，力争持续地吸引用户看完并关注。这影响着短视频的完播率，决定着短视频的推荐率。

在短视频平台的算法推荐机制中，完播率是一个非常关键的指标，所谓完播率，是指用户完整看完短视频的次数除以视频的总播放量，推荐机制会认为完播率低的短视频对用户缺乏吸引力，内容质量较差，因此不会进行进一步推荐。只有完播率高的短视频，才会被给予更多流量，一个短视频的完播率直接决定着短视频的流量。

反转是很多剧情类爆款短视频常用的"抖包袱"手法。所谓反转，就是通过人设、剧情的反转，产生意想不到的戏剧效果，满足用户的好奇心和娱乐需求。为了提高完播率，反转很有必要，在进行内容设置时，我们最好能保证反转次数维持在2~3次，这样才能吸引用户反复观看。

❥ 三、做好短视频的结尾

写作文讲究"凤头"和"豹尾"，好的开头引人入胜，好的结尾让人回味无穷。短视频内容脚本的结尾也要精心打磨。短视频的结尾一般有以下三种形式。

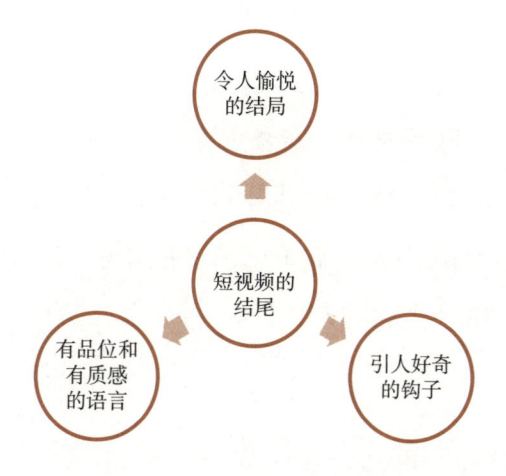

> （1）令人愉悦的结局。用户看到了自己想要看到的结局，觉得短视频不错，可能就会关注，成为长期粉丝。

> （2）引人好奇的钩子。短视频的结尾引出下一个故事，又一次勾起了用户的好奇心，用户就会关注，等待更新。

> （3）有品位和有质感的语言。短视频的结尾是一句名言，或者是凝练表达自己独特价值观的句子，凸显创作者的品位和短视频的质感，同时引起用户的共鸣，用户就会持续关注。

第四节
巧妙植入，确保引流

企业推出短视频的终极目的是实现引流、完成转化，这就需要企业在考虑短视频的吸引力后，还要考虑打通引流渠道，实现最大化引流。

（1）**根据短视频平台选择引流方式**。目前流量大的短视频平台有抖音、快手、视频号等。我们可以通过将水印微信加在短视频里，或者在评论区公布联系方式，实现引流。

（2）**根据实际情况确定短视频引流策略**。常见的短视频引流策略有内容引流、红人引流、故事引流、活动引流。企业可以根据自己的实际情况，选择合适的方式。

内容引流	●做垂直原创视频，靠优质内容获得高曝光度，让用户喜欢并关注
红人引流	●打造个人IP，通过发挥红人的个人魅力，吸引用户关注
故事引流	●通过富有感染力的故事传达品牌价值和产品信息
活动引流	●利用短视频做活动，吸引用户关注

内容引流，即做垂直原创视频，靠优质内容获得高曝光度，让用户喜欢并关注。这就需要我们明确粉丝的用户画像，然后根据他们的标签、画像来进行内容定位。例如，我们做美妆类产品，就可以通过美妆技巧、美妆产品的使用方法等主题去吸引有相关需求的潜在客户，进而产生强黏性和高活跃度。

红人引流，即打造个人IP，通过发挥红人的个人魅力，吸引用户关注。

故事引流，即通过富有感染力的故事传达品牌价值和产品信息。《韩梅梅快跑》就是通过一系列的短视频片段阐述了这样的主题："一生所寻不过是最初的自己，愿你出走半生，归来仍是少女。"成功地把品牌的价值融入其中。粉丝为韩梅梅的人生感悟所触动，乐意去分享，品牌的价值也随之获得了持续的传播。

活动引流，利用短视频做活动，吸引用户关注活动的方式有很多，如在短视频结尾注明"评论视频可以领取礼品，中奖信息将在下期视频中公布"，可以吸引大部分用户继续观看下期短视频。或者在短视频中植入需要讨论的内容，吸引观众前往微信公众号或微博上看答案。

值得强调的是，在通过短视频进行引流时，切忌非常干硬地将广告植入短视频中，这样会破坏用户体验，容易造成用户流失，留存效果也会大打折扣，可谓得不偿失。另外，企业的短视频内容要根据粉丝的反应不断测试和优化，进而找到用户最感兴趣的内容，提高用户活跃度。

第二篇

裂变：实现从1000到10万的自我突破

第五章

打造爆文,实现裂变式扩散

马斯洛需求层次理论告诉我们，在满足了生理、安全这些基本需求后，人们会开始追求社交、尊重和自我实现等高层次的需求。人的天性决定了，我们需要与同伴共享信息。现代互联网技术的成熟更加激发了人们的这种需求。

沃顿商学院的营销学教授乔纳·伯杰（Jonah Berger）在《疯传》一书中对社交货币作了这样的描述："就像人们使用货币能买到商品或服务一样，使用社交货币能够获得家人、朋友和同事的更多好评与更积极的印象。"在社交货币的驱动下，用户的裂变式扩散成为可能。企业只需为用户提供一个借力点，就能实现1生2、2生4、4生8……的裂变式扩散。其中，爆文是早已被证明了的行之有效的借力点之一。

第一节
案例观察:《流感下的北京中年》拨动了谁的神经

2018年2月10日,一篇名为"流感下的北京中年"的文章,在朋友圈迅速传播。两万多字的日记体长文,发表在一个不知名的账号,却能在短时间内引爆全网。

爆文的产生,与文章内容有关,也与背后的传播有关。下面将从这两个方面对《流感下的北京中年》进行解读。

▶ 一、文章解析

文章开头是一段情景化描述,真实的生活场景快速让读者有了阅读的欲望:

女儿:"姥爷怎么这么长时间还不回来?"

妈妈:"姥爷生病了,在医院打针。"

女儿:"姥爷是我最好的朋友,姥爷给我吃巧克力。妈妈,你怎么哭了?"

这篇文章很长，近 2.6 万字，考虑到部分读者读不完全文，作者进行了前情提要，将岳父从感染流感到发展成肺炎、从门诊到 ICU，29 天阴阳两隔的经历，总结成 29 条文字，方便遇到相似难题的人，在文章中直接搜索关键词，寻找相关信息。

接着，正文部分开始，作者分了 12 个版块，将岳父从感冒生病到入殓的整个过程，用真实的日记一一呈现给读者。这 12 个版块分别为：流感、急诊、住院、ICU、插管、人工肺（ECMO）、求血、传染、生机、转院、弥离、回乡。

在每个版块，有 4~10 篇日记，记录了岳父的病情变化、情绪变化，以及家人的态度变化，就医过程的艰难等。文章结构清晰，时间线明了。这些经历，中年人要么已经经历过，要么害怕经历，作者近乎白描地分享了自己的真实经历，并提供了参考方法和自己的真实感想。文章有细节、有干货、有见解、有感慨，既感染人，又实用。

文章的结尾采用了首尾呼应 + 感悟的写法：

女儿还不能理解死亡，大喊："我要姥爷给我吃巧克力。"

生活就像一盒巧克力，你永远不知道会尝到哪种滋味。

女儿童真的语言，加深了读者的情感共鸣。很多人看到这里，禁不住去感慨、去深思。最后那句改编自电影《阿甘正传》经典台词的感悟，与女儿的童言童语无缝衔接，让文章得到了升华，使人久久不能忘怀。

▶ 二、传播解析

这篇文章为什么会得到广泛传播，我在这里尝试进行总结。

（一）激发了中年群体的强烈共鸣

"上有老下有小"的中年人看到这篇文章几乎都感慨颇多，虽然文章很长，但是读者大都认真看完了，并有不少网友留言："近 3 万字的文章我整整看了一天，当然也认真看了很多网友的留言，留言中我们不但能看到世界的温暖，还能看到人们对于感冒知识的匮乏。"

文章能广泛传播，内容只是载体，背后的情绪才是决定性因素。那么，《流感下的北京中年》激发了读者的哪些情绪呢？

> （1）惊奇，生命的脆弱。老人从发病到去世，共 29 天，还是在医学发达的今天，实在令人震惊！

> （2）反思，思维固化的可怕。原本以为"7 天即可自愈"的感冒最终夺走了生命。要命的是，现实中很多人都有这种认知缺失，文章起到了警醒的作用。

> （3）畏惧，科普知识的重要性。流感和普通感冒区别很大，究竟该如何获得专业、有效的医学科普信息呢？"死亡"这个话题本身就很沉重，而对死亡和疾病的无知加剧了恐惧心理。

> （4）恐慌，中年的经济压力。一场病就花掉了 7 位数的存款，这不是一般人能承受的！

> （5）焦虑与无奈。文章的作者是某金融机构的从业人员，年轻有为，事业有成，收入比大多数人都高。对于一般人来说，不具备作者的经济实力，遇到这种情况该怎么办呢？

（二）重要的发布时机

春节前后，是流量最集中的高峰时段，这时发布优质内容，很容易引起高度关注和广泛讨论。

第二节
爆文的四个特征

很多人都听到过"爆文"一词。何谓爆文？字面意思就是很火的文章，就公众号而言，一般文章的阅读量超过10万才可以称作爆文。爆文的最大特征就是裂变式传播。这里需要对爆文和热门文章进行区分，有些作者的粉丝数量庞大，其所发布的文章，阅读量很容易就超过10万，这样的文章称不上爆文。**爆文通常特指粉丝基数小，通过裂变式传播，快速实现高曝光度的文章。**

爆文的意义毋庸赘述，写出爆文是很多人的梦想。但是，如何写出爆文呢？很多新手认为，只要内容足够优秀，自然就会带来高曝光度。事实上，爆文打造和单纯的创作是两码事。可以说，阅读量超过10万的爆文通常都是独具匠心打造出来的，很少是信手拈来的。

首先，让我们来研究一下什么样的文章是比较容易成为爆文。经过对上千篇爆文的分析，我发现具有以下四个特征的文章比较容易成为爆文。

一、激发共鸣

共鸣是指感同身受，情绪上和作者达到一个共鸣点。它的原理是人的情绪具有高传染性。情绪就像感冒一样会传染给他人，甚至情绪的传染性强于感冒病毒。

著名的"踢猫效应"（描绘的是一种典型的坏情绪传染。人的不满情绪和糟糕心情，一般会沿着由等级和强弱组成的社会关系链条依次传递。从金字塔塔尖一直扩散到最底层，无处发泄的最底层则成为最终受害者）告诉我们，人的情绪很容易受到他人情绪的影响，在完全不自觉的状态下，产生自己无法控制的行为。

许多爆文从表面上看传播的是信息，而背后传播的是情绪。在现实生活中，人们倾听完一件事情后，往往会说："我能理解你的感受。"激发共鸣的爆文就是让网民把这句无法面对面说出口的话通过点赞、转发、留言等方式来体现。

激发共鸣的途径可以分为以下两种。

（一）以情动人

通过讲述一段真实的故事，把读者带入一种亢奋、悲伤、同情、愤怒或其他情绪中，在情绪的驱使下，他们在认真阅读完后会进行传播，甚至会有其他后续支持行为。**记住，能够打动人并且引起传播的，永远是故事**。因为，比起赤裸裸的说教，故事更能激发共鸣。

（二）观点共鸣

观点非常鲜明的文章也容易激发人的情绪。它的原理是大众传播学中的"沉默螺旋"理论：人们看到自己赞同的观点，会积极参与进来，从而使这一观点广为传播；对自己不赞成或无感的观点，会选择沉默，或者即使自己赞同但无人问津，也会保持沉默。意见一方的沉默造成另一方的增势，如此循环往复，便会形成一方的声音越来越大，另一方的声音越来越小的螺旋发展过程。

观点型爆文最终要达到的目的是激发情绪。让喜欢的人非常喜欢，让讨厌的人特别讨厌，如此一来，他们才会自动传播文章，来表明自己的态度。

激发共鸣是最容易产生爆文且最容易实现的创作方式。一方面，因为现代人普遍压力大，积压的情绪比较多，需要得到宣泄，为爆文点赞、转发、留言等，是自动传播，也是情绪释放；另一方面，无论是讲故事还是发表观点，在写作上都相对好驾驭一些，因为几乎没有专业门槛。

二、干货满满

第二类爆文是实用型文章，具有实用性的信息和内容，能帮助读者解决问题，因此获得传播的概率会更大。如果提供的信息是当下许多人特别需要的知识，那么极有可能广为流传。

1991年出生的李靖，因为几篇爆文而坐上了百度副总裁的位置。他的文章有《月薪3000与30000的区别》《做市场的人，不一定知道什么才是市场》《为什么你有十年经验，但成不了专家》等，这几篇爆文都站在读者的角度，回答了他们迫切关心的问题。

其中《月薪3000与30000的区别》这篇文章原来的题目是"7页PPT教你秒懂互联网文案"，一开始没有多大反响，改名后立即火遍朋友圈。标题改动后，既勾起了读者的好奇心，又表明了自己有真正可供借鉴的干货，而非知识搬运。通过这个例子我们可以看到，**分享知识的文章，在实用的前提下，还要取好标题，写得有特点**，这样才能比一般知识分享文章获得更高的阅读量。

相对来说，实用型爆文比第一类爆文，难度大，门槛高。因为它不仅要求作者有相关经验和知识储备，还需要作者认真做功课，还需要作者有很强的叙述能力和逻辑推理能力，如此才能被读者认可。

三、富有趣味

几乎所有人都喜欢趣味，因为趣味能给人带来非常强的愉悦感。同一件事情，妙趣横生的叙述，肯定比平平淡淡的讲述，更受人欢迎。现代人普遍压力很大，过着平淡的生活，迫切需要信息来刺激。让人心情舒畅的文章很容易被转发。

> 微博达人"天才小熊猫"就是靠脑洞大开走红的。他曾经创作的《没事就不要自己做手机壳了》在一周内转发量接近100万次。这是为华为荣耀6 Plus手机定制的广告，因为受众是不喜欢严肃地接受事

物的年轻群体，所以"天才小熊猫"讲述了一段故事：

有一天，"天才小熊猫"去朋友"里八神"家里做客，走的时候把手机落在"里八神"家里了。"里八神"把手机装在袋子里扔给"天才小熊猫"，手机被摔碎了。"天才小熊猫"决定做一个摔不碎的手机壳，于是一个神奇的柚子手机壳诞生了……通过奇特而逗乐的故事描述，"天才小熊猫"让一个手机广告达到厂家欢喜、消费者开怀的效果。

《引爆点》的作者马尔科姆·格拉德威尔指出："具备令人印象深刻和足够有趣的信息，才具有被转发的潜力。"《疯传》的作者乔纳·伯杰也持有类似的观点："非常规之事，超乎想象，才能引人注意，才能成为社交货币。"

人们总是对习以为常的事物视而不见，却乐意分享自己意想不到的惊喜。有趣的内容能够成为爆文，就因为它是"社交货币"。不过，创作有趣的爆文，难度比前两种大。

四、分享八卦

猎奇是人类的本性。今日头条的统计数据显示：36%的用户喜欢看八卦娱乐。美国文化学者富兰克·安德鲁揭示，人类对于八卦的热衷，从石器时代就已经开始了。当时，八卦是维系部落群体内交流的工具。在残酷的生存环境中，部落在辛苦打猎的同时还必须应对外敌来犯，八卦就是掌握敌人信息的重要手段。

八卦主要用来调节心情。有研究表明，"吃瓜群众"看明星八卦，能起到和吃巧克力一样的提神效果，因为两者都可以刺激人脑分泌内啡肽，从而产生快感。

诸如不为人知的内幕之类的文章一般点击率都不会太差。八卦文章能否成为爆文的一个关键是，追热点的速度是否够快。如果热点出来的瞬间，你能马上创作出一篇足够新鲜的文章，阅读量很容易飙升。

以上是最受欢迎的四种爆文类型。接下来写文章时，先想好适合写这四类文章的哪一类，然后再遵从写爆文的方法，成功率就会很高。

第三节
打造爆款文章的"六脉神剑"

大卫·奥格威在《一个广告人的自白》中说："消费者不是傻瓜，消费者好比就是你的妻子，如果你以为仅凭口号和煽情的形容词就能劝服她买东西，那你是在侮辱她的智商。"爆文也可以是一种广告，所以打造爆文不可能信手拈来，而是要采用科学的打造步骤。**打造爆文，首先要树立一个意识：爆文是产品，你是产品策划人**。没有无缘无故火起来的爆文，爆文都是精心打造、卖力传播的结晶。

关于爆文的流量密码，只要掌握"六脉神剑"即可。

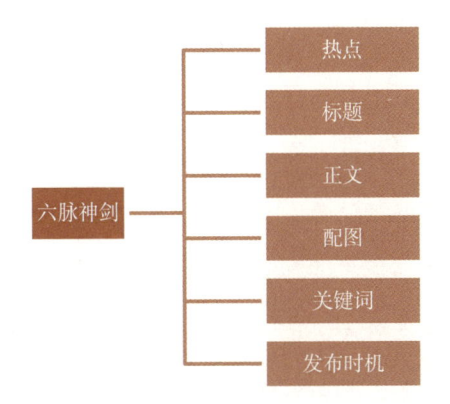

```
六脉神剑 ─┬─ 热点
         ├─ 标题
         ├─ 正文
         ├─ 配图
         ├─ 关键词
         └─ 发布时机
```

一、热点

话题和素材的选择是打造爆文的第一步。从做爆款文章这个维度上讲，在选题上花再多功夫也不为过，选题正确，文章爆火才有可能。而策划选题，最重要的一个动作就是甄选热点。很多爆文都是蹭热点来的，热点对于爆文的意义，毋庸赘述。**蹭热点要注意以下三点**。

> （1）**要分清真正可以蹭的热点**。例如，有些事件在全网关注度都很高，而有些事件只在某个平台关注度很高，在其他平台关注度就很低。所以在写文章前要花时间去研究热点，去寻找全网热点，或者是目标平台偏好的热点。

> （2）**不要盲目蹭热点**。不考虑自己所做领域，无论什么热点都去蹭，这样只会适得其反。

> （3）**蹭热点一定要选好角度**。热点要蹭，但是一定要有技巧地蹭。角度选不好、题文不符是不可能产生爆文的。

那么具体如何找热点呢？这里分享几个搜索工具。

> （1）知乎热榜。知乎虽然是问答社区，但是卧虎藏龙，是大神扎堆的地方，是寻找故事的地方，更是判定热点的地方。知乎热榜基本上都是围绕当下热点展开的讨论，是写文章的重要参考。另外，知乎搜索栏的关键词推荐也是一种有效参考，平台推荐的关键词都是网友共同搜索的。

> （2）微博热搜榜。正如微博的广告语所言："你想知道的你不知道的时事热点和热搜八卦，尽在微博热搜榜！"不过**微博热搜榜更多的是娱乐方面的热点。**

> （3）新榜指数。**这是针对微信公众号影响力的排行榜**，比较专业。新榜实时发布爆文动态和涨粉情况，想要了解微信公众号最新的文章动态，可以多看看新榜。

> （4）百度搜索风云榜。百度的数据库和搜索能力，强大到令人佩服。百度搜索风云榜的最大优点是涵盖各行各业的热点。

> （5）头条指数。今日头条在捕捉即时热点、预判热点、分析用户偏好方面，有自己的一套方法，对于想要写爆文的作者来说，无疑是福音。

二、标题

如果说文章的内容是金库，那么文章的标题就是打开这座金库的钥匙。广告界流传一句话：**5个小时的文案，请花3个小时想标题！**辛辛苦苦写了一篇文章，推荐量很高，但点击率很低，问题出在哪里呢？通常在标题。一个好的标题能够给你带来很多意想不到的惊喜，一个不好的标题会让你的内容失去展示的机会。

一个好的标题，绝对是引人注目、吸引点击、收获流量的第一步。如果连标题都不够惊艳，怎么吸引眼球，拥有超 10 万的阅读量呢？据统计，超半数网民只看标题不看内容，因此看标题、看摘要成了阅读信息的一种方式。标题的重要性不言而喻。

如何才能写出爆款标题呢？

爆款标题：数字法、蹭热度法、悬念法、恐吓法、诱惑法、反差法

（一）数字法

从心理角度来说，数字能起到吸引眼球的作用，比起枯燥的文字，直观简单的数字标题，更容易让用户产生点击的欲望。例如，"10 年营销大师，教你写出百万爆款标题"就比"营销大师手把手教你写出百万爆款标题"更有吸引力。

（二）蹭热度法

名人和社会事件自带流量，利用名人和社会事件的热度可以起到强化用户点击欲望的效果。

还有一种蹭热度的方法就是"它山之石，可以攻玉"。借鉴某平台的爆文，然后在其他平台引爆。

(三)悬念法

通过制造悬念调动好奇心,让用户迫不及待地想看结果,是爆款标题惯用的手法。制造悬念的技巧通常是"话说一半",就是标题说明部分关键信息,留有疑惑,让人在好奇心的驱使下点开查看。

(四)恐吓法

用适当夸张的方式直击当代人的痛处,让人忍不住去点击。当年,脑白金系列软文能够引起那么大的轰动效果,根源在于它利用了人的恐惧心理,《司机慎用"脑白金"》利用的正是人的恐惧心理。**史玉柱的软文玩法是标题把坏结果放大,内文告诉解决问题的方法。**但需要提醒的是,利用恐惧感要适度。

(五)诱惑法

标题中直截了当地谈实实在在的利益,通常能吸引利益相关人群点击。例如,"月薪十万是'玩'出来的"这样的标题,在微信曾经很受欢迎,因为它呈现出的数字化的利益,对于上班族来说,具有很大的诱惑力。**在利益诱惑时,越接地气越有效果。**

(六)反差法

利用反差,来勾起用户点击的欲望,这一招也很常见。不合常规的事情,一般更容易吸引用户。在大众普遍的思维下,如果你运用比较反逻辑、反常识的说法,能让人有一探究竟的欲望。心理学中有一个专业名词"刻板印象",是指人习惯对某个事物或物体形成一种固定的看法，并把这种看法推而广之。

打破刻板印象，制造反差，就会瞬间抓住读者的眼球。比如"老干妈配雪糕，根本停不下来"，在大众的印象中，老干妈配米饭和馒头，谁能想到它还能和雪糕搭在一起呢？雪糕和老干妈在两种口味上有着巨大的反差，极易激起年轻人的探索和尝试欲望。

最后，必须进行以下提醒。

> （1）标题要别具匠心，但千万不要过于夸大成为标题党。
> （2）标题要做好人群取舍，精准定位目标人群，缩小受众范围。快速聚拢特定人群，产生共鸣，反而能起到更好的传播效果。

三、正文

毫无疑问，正文是爆文的主体。**正文写作要遵循20字法则——大众熟悉的东西陌生化，大众陌生的东西熟悉化**。记住，没有人会把时间浪费在自己熟悉的东西上。如果文章内容是大众熟悉的东西，一定要写出盲点；如果文章内容属于大众盲点，那么需要做的工作就是趣味化扫盲。而无论你要完成哪种使命，文章的整体都要条理清晰、语言简练。

如何让正文变得结构通顺、条理清晰，既让读者看得舒服，又能留下深刻印象呢？具体来讲，正文写作要把握好以下几个关键环节。

（一）提纲

只有先列出自己行文的逻辑，这样才能知道如何去写文。这些逻辑关系可以是总分总，可以是场景化痛点写作，也可以是故事化写作。畅销书作家李笑来在《新生——七年就是一辈子》中，为我们列举了一个**列提纲的模板**。

- ➢ 我要说的是什么概念？
- ➢ 这个概念为什么重要？
- ➢ 这个概念经常被如何误解？
- ➢ 这个概念实际上是怎么回事？
- ➢ 这个概念有什么意义？
- ➢ 如何正确使用这个概念？
- ➢ 错误使用这个概念有什么可怕之处？
- ➢ 这个概念与其他重要概念有什么重要的区别？

（二）开头

万事开头难，为什么？因为开头太重要了，开头一步错，后面步步错。写文章，开头的使命是快速激发出读者对这篇文章的渴望。如何做到这一点呢？以下几种方法可以套用。

好的开头：剧透法、颠倒法、案例法、场景法、提问法

- (1) 剧透法，就是把结局写在文章开头，吸引读者去探索"过程"；或者把文章的精华部分提炼出来，简单来说就是做一个摘要。例如，一篇介绍腾讯的文章开头这样写道："在这篇文章中，马化腾先生从早期创业开始回顾，涉及创业公司的生存之道、QQ 迅速发展起来的背后原因、推出微信前后他幕后的思考、他做产品的一手实操方法、投资 Facebook 与 Snapchat 的总结以及他最大的担忧。"
- (2) 颠倒法，就是颠覆认知。例如，读者觉得划算的东西，通过分析告知其事实上是在上当受骗。
- (3) 案例法，如果你想说服人，传达某种观点，那么在文章开头举一个成功案例，就会吸引到目标受众。
- (4) 场景法，情景式描述，使读者有"身临其境"的感觉。
- (5) 提问法，干货类的文章中，提问式开头非常多，因为通过简单提问可以道出读者的普遍困惑，如此即可勾起读者的阅读兴趣。

（三）场景

为了增强和读者的共鸣，正文要设置一些特定的情景式描述，与读者置身于相同的场景中，更容易吸引读者的注意力，与读者产生共鸣。当然场景也要符合写作主题，不能跑偏。场景，即特定的时间、地点、人物、行为、关系，也泛指生活中各种具体的情景。场景描写，就是要给人"接地气"的感觉，在故事化描述中揭露真相、戳中痛点、表达观点。

（四）观点

独特的见解是文章的灵魂。不一样的见解能让自己的内容更有价值，当自己的见解和读者产生共鸣时是最能增加内容价值性的。在自媒体运营中要多学习，让自己的知识丰富起来，这样才能提高自己的见解，这也是提高内容质量的一种方式。每篇好的文章都有一个使命，那就是能给人带来价值。

（五）结尾

在很多人看来，结尾对于文章的价值微乎其微，事实上结尾的作用绝不亚于开头：结尾一方面要与文章开头呼应，帮助读者总结文章的内容，加深印象；另一方面还需要升华文章主题，继而激发读者共鸣。

有以下几种结尾方法。

> （1）金句法。引用名人名言是极为常见的一种结尾方法。**人的内心总是需要抚慰的**，一句有力量的话语，可以瞬间点亮整篇文章。

> （2）总结法。有些文章太长，在结尾部分用一句话或几句话来阐述一下整篇文章的中心思想、核心立意和论点，梳理一下文章的观点，能够有效加深读者的印象。

> （3）互动法。在结尾可以制造话题，这种做法会增加文章的社交属性和讨论度。有了这样话题性的引导，读者就可以在评论区进行讨论，如此一来文章的热度就升起来了。

四、配图

打造爆文，内容重要，配图更重要。有时花 1 小时写完文章，却需要花 3 小时来配图。**人都是视觉动物，图文并茂的文章要比纯文字的文章更有吸引力**。没有图片的文章好比是没有经过包装的模特，好的配图能给读者带来非常好的阅读体验。

关于配图，要注意以下两点。

> （1）配图不能有水印 LOGO、联系方式等信息，否则账号会被扣分。当然，更不能用有版权纠纷的图片。
>
> （2）配图一定要与内容相符。如果图片与内容不符，会直接影响读者的阅读体验，影响其转发欲望。

五、关键词

再好的文章，也不可能所有读者都喜欢。关键词是产生爆文的关键因素，它影响文章的推荐量和阅读量，因此文章标题和正文都必须含有关键词。各平台对内容的审核第一步都是通过平台机器进行的，机器审核后再把你的文章推荐给感兴趣的用户，**设置关键词就是为了方便机器审核与推荐**。但是设置关键词，不是越多越好，盲目堆砌关键词，会被机器识别为作弊，反而会降低推荐量。因此，掌握关键词的优化方法至关重要。

文章设置关键词的技巧如下。

> （1）根据文章的内容决定添加关键词的位置，不要强行塞入。在频次

上，文章标题出现一次就好，文章开头出现关键词的次数一般不要超过两次，正文尽量每300字出现一次，结尾关键词出现一次即可。

- (2) 关键词在审核机器眼里只是一串字符，为了方便机器充分了解关键词的意思，可以对关键词进行解释。
- (3) 用关联词替代。避免关键词出现过多，可以多用意思相近的词汇。

六、发布时机

热点之下，爆文接踵而至。文章要想在众多文章中脱颖而出，时机与实力缺一不可。文章写完并且优化好关键词后，万事俱备只欠东风，这个东风就是时机。

时机如何把握呢？就是选择一个受众最方便的时间发布内容。如果不确定什么时间发最合适，可以按以下方法做。

- (1) **参考同类文章的发布时间。**
- (2) 直接在评论区与粉丝沟通发布时间。
- (3) 根据以往文章的阅读量判断发布时间。

第四节
这样的爆文，坚决不要

爆文是一把双刃剑，它可能为企业快速吸引眼球，也可能为企业带来始料不及的灾难性后果。下面的五种爆文，坚决不要。

五不要：
- 触碰底线换来的爆文
- 打擦边球博来的爆文
- 用负能量博来的爆文
- 花钱买来的爆文
- 不能带来任何利益的爆文

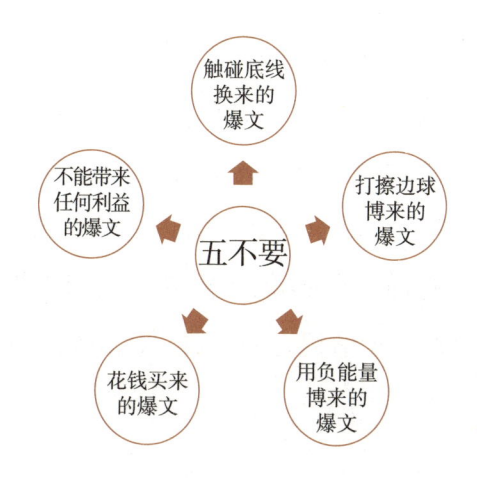

一、触碰底线换来的爆文

2022年5月，某女性用品广告被指侮辱女性，引发热议。该女性用品公司很快作出反应，产品下架，内部彻查。一场宣传推广，不仅没有达到广告效果，反而给自己抹了一身黑。

这样的事件并非特例，流量时代，"眼球效应"的成本越来越高，人们的注意力愈发难以捕捉，很多企业就剑走偏锋，执着于打擦边球，在价值观底线上疯狂试探，疯狂发表与敏感话题相关的言论。结果，"踩线"踩不稳，就成了触碰"底线"。

总结起来，流量的高压线包括以下几点。

（1）违背法律和道德。公序良俗是社会和谐的基础，是人们基本利益的保障，无论什么时候，我们都应该有足够的敬畏之心。

（2）文化、地域、民族歧视。这种歧视是偏见，是妖魔化的思维，它破坏了整体的和谐，制造了矛盾和冲突，是绝对不应该存在的。

（3）指名道姓地贬低某人或某一类人。这通常表现为强势一方对弱势一方的欺凌、压迫，是有违正义的做法。

（4）捏造事实数据，欺骗或过分夸大。实事求是、脚踏实地是中华民族弘扬传承的优良传统，尤其是面对公众，我们更要注意凡事拒绝"假、大、空"，提倡用事实说话、拿实践证明。

企业把恶俗当有趣、拿露骨当卖点、拿无底线博取关注，对正常的社会规则没有尊重和敬畏之心，唯一的结果，就是失了人心。

二、打擦边球博来的爆文

2019年，国家广播电视总局下令全面清查所有在播和拟播广告，严把导向关，凡存在片面追求感官刺激、宣扬低俗内容、违背社会风尚、价值导向存在偏差等违规问题的，一律禁止播出。国家广播电视总局为爱打"擦边球"者敲响了警钟，但依然有企业为了博取流量铤而走险。

2020年5月27日，某便利店发布了一篇推文，内容是冰激凌、雪糕系列产品的相关介绍，但是标题涉及色情文字。文章推出不久，阅读量就突破了10万次。两小时后文章遭到读者举报，该便利店陷入了公关危机。有关部门第一时间对该便利店的违法行为立案调查，企业借低俗内容炒作商品的行为被要求立即整改。

三、用负能量博来的爆文

负能量、贩卖焦虑的文章，通常能快速唤起共情，一夜之间成为爆文，但它带来的负面影响也是巨大的。

四、花钱买来的爆文

媒体界有一句话:"**越是需要花钱进行推广的内容,就越不值钱。**"这句话让企业人非常沮丧。在媒体人看来,需要花钱在自己的平台上播放的信息,多半是没什么价值的信息。因为若是信息有价值、公众真的感兴趣,即使企业不花钱,最终也可以广泛传播。付费越多,就说明信息的传播难度越大。因此,企业花钱砸爆文,毫无意义。

五、不能带来任何利益的爆文

广告大师德鲁·埃里克·惠特曼说过:"不管推销员多么机灵,不管广告多么漂亮,如果他们没法让消费者采取行动,那么在这上面花的钱都是没有价值的投资。"企业花精力打造爆文,是要提升销量的。如果一篇文章爆了,但是对企业提高收益毫无帮助,那就等于白费功夫。

有人会质疑:靠文章能带货?这里举一个例子,某公众号曾经发过一篇推广文章《想把蓝色穿好看,先要知道你最适合几十度蓝》,这是一篇时尚与汽车相结合的文章,却创造出了这样的战果:100辆价格28.5万元起的MINI汽车在4分钟内被抢空,50分钟内全部完成付款。爆文吸引高关注,高关注带来高转化,这才是企业打造爆文的唯一目的。

第六章

打造爆品，让产品成为推销员

美国研究者罗伯特·莫顿提出了"马太效应":任何个体、群体或地区,在某一个方面(如金钱、名誉、地位等)获得成功和进步,就会产生一种积累优势,就会有更多的机会取得更大的成功和进步。这一理论同样适用于企业的产品策略,企业能打造出一款爆品,就有可能形成流量的积累优势,吸引到越来越多流量。

可口可乐凭借一款饮料、老干妈凭借一瓶辣椒酱为人们所熟知,这些都是凭借一款产品带火一个企业的案例。互联网时代,所有创新都是以用户为中心的,一款能让用户为之心跳、动情乃至疯狂尖叫的产品,能达到引流、截流的效果,为企业带来超乎想象的客流和品牌影响力,进而以最快的速度提升销售业绩,抢占市场份额,为企业长远发展打下坚实的基础。

第一节

案例观察：小米爆品的"套路"

"提供能让用户尖叫的产品，这是小米的立身之本，是小米一切商业模式、产品策略、营销方法成立的前提。"2014年，雷军曾经这样爆料小米成功的秘籍。小米自称是互联网手机的开拓者，但是小米的成功，并不在于其对产品品类的创新，而在于产品的社交裂变。

小米颠覆了传统做产品的路径，过去企业做产品主要靠"埋头研发"，或者请科研机构一起研发，但小米开创了和用户一起打造产品、一起营销产品的路线。"因为米粉，所以小米"，这是雷军经常挂在嘴边的话。下面我们来看看小米具体是怎么与用户一起做爆品的，又是如何通过做爆品实现裂变的。

▶ 一、做让用户尖叫的爆品

雷军40岁准备做互联网手机时，并不清楚互联网手机是什么，他只有一个想法："把手机当计算机做。"但是程序员出身的他，有一个强烈的想法：要么不做，要做就做到让用户尖叫。

为了做出"让用户尖叫"的产品，雷军很理智地用自己最擅长的东西去对其他手机进行降维打击：在别的高端手机只有512MB内存时，小米率先做到了1GB内存，在别人追上1GB内存时，小米又做到了2GB内存；别的手机有封闭的操作系统，而小米则反过来做，承诺自己的系统能安装在其他手机上，而小米手机可以安装各种操作系统……

为了贯彻执行自己的产品理念，雷军经常深入一线紧盯产品，只要发现需求点就会持续不断地改进、修正，直到认为完美为止。不喜欢开会的雷军会花费80%的精力参加各种产品会议，每周会定期和硬件、营销、米聊、MIUI等部门的一线产品经理、工程师座谈与讨论，对产品的细节问题进行反复推敲、打磨。做好产品，雷军是认真的。

想要在手机市场胜出，招数无非两个：高性能和高性价比。于是小米就在其他手机价格居高不下时，作出了直接击穿底价的决定：小米以1999元的价格打破了市场的牢笼，获得了一段时间内的绝对价格优势。相同配置的手机，小米的价格连其他品牌的一半都不到，这样的手机让用户发出了尖叫，有种"不买都觉得亏"的感觉。

看一下小米的几个令人尖叫的战绩。

> 499元的红米手机4A推出半年内销售了82万部。

> 49元的小米插座推出一年内销售了99万件。

> 79元的小米手环推出一年内销售了165万件。

> 1999 元的小米手机 4 推出两年内销售了 1600 万部。

> 69 元的小米移动电源七年时间累计销售了 1 亿万件。

二、和用户做朋友

小米和别的做手机的厂家最大的不同在于，小米是以用户导向"定制"产品的。雷军创业时就给小米定下这样的基调：聚集一帮人的智慧做一款手机。

在开始进行研发时，雷军就提出了"要把用户当朋友，不要当上帝"的宗旨。这个优良传统一直延续到现在。在雷军看来，"朋友"的地位是平等的，谁也不存在仰望谁、崇拜谁的问题，双方可以携手同行，小米在研发时有问题可以找"朋友"出谋划策，"朋友"在使用产品时有疑惑也可以随时找小米解决。

为了和用户做朋友，雷军打破职场禁忌，允许工程师在工作时间上网聊天，要求所有工程师通过微博、论坛、QQ 等社交平台直接与用户交朋友。小米的第一批粉丝就是这么来的。

微博是小米推广产品的主战场，同时也是小米粉丝的聚集地。小米 2010 年成立，2014 年雷军的微博已有 800 多万粉丝；小米手机官方微博有 800 多万粉丝……这些数字的背后是小米人辛苦地 @。

QQ 空间是个被人遗忘的角落，大部分厂商都不太重视，但小米独辟蹊径，在 QQ 空间聚集了大约 2000 万粉丝。小米的 QQ 空间每天都会更新动态，而每条动态基本上都被快速转发几千次，有的转发量甚至能够达到几万次，转发率远超微博。

另外，许多人都觉得论坛已经没落，然而小米却充分利用了它，小米用论坛把自己的铁杆粉丝牢牢圈住，通过他们不断获取产品的改进意见，收集大量用户反馈信息。在这个论坛里聚集着大量小米手机的发烧友，随随便便发布一个帖子，都会有几百条回复、上万次的浏览量。

等到 2011 年小米的第一代手机发布时，小米已经拥有 30 万粉丝了。需要指出的是，那时还没有微信这个超级战场。

雷军在创业初期将与粉丝交朋友变成一种小米全员的行为，小米为此甚至赋予一线工作人员权力，他们有权力自主决定如何让客户满意：在用户投诉时，客服可以自行赠送手机膜或其他小配件……正是这些人性化的细节服务捕获了小米粉丝的心。

三、让用户自动分享

小米粉丝的力量有多大呢？通过一个数字就可以看出：小米手机突破 100 亿元的销售额，只用了 1 年多的时间。与其他品牌的广告不同的是，小米是在论坛、微博和门户网站崛起的，这其中小米粉丝的分享做出了很大贡献。

小米和粉丝互动并打成一片，维持朋友式的氛围。现在很多企业都在学习小米的这种做法，但是始终学不到精髓。为什么呢？因为让用户自发去传播是最困难的，而这恰恰是裂变的最关键之处。小米是如何解决这个问题的呢？

小米把"朋友"划分为三个等级，底层是参与用户，他们数量庞大但不是小米的忠实追随者；中间层是小米的忠实追随者；顶层是发烧友，深度参与小米的决策，是小米最好的"朋友"。小米最初的裂变是靠发烧友完成的。"为发烧友而生"是小米最早提出的口号。

在发烧友群体中，有一个响当当的"团伙"——荣誉开发组，简称"荣组儿"。"荣组儿"可以提前试用尚未公布的开发版手机，对新系统从自身角度进行评价，在鉴别了新版本的好坏后，提出建议从而影响小米的决策。

发烧友最大的特征是什么？雷军总结，发烧友其实是没有经济目的的，他们只是单纯觉得这个东西如果能改一下会更好。小米的很多设计都是由发烧友提出的，雷军手机的通信录里有1000多名发烧友。

> "雷总，我被困在电梯时，太黑了，找不到手电筒图标。咱能不能开发一部容易找到手电筒功能的手机？"于是，MIUI新版本中就有了"长按Home键打开手电筒"功能。
>
> "雷总，我都掉了两部手机了，解决一下掉手机的问题呗！"于是，小米增加了"定位找回"功能。
>
> "雷总，有没有更简单的截屏方法？"于是，MIUI通知栏下拉菜单的开关切入页面就加入了"一键截屏"功能。
>
> ……

发烧友的建议得到采纳，结果是什么呢？神奇的裂变产生了！"我手机有这个功能，这个功能是我设计的！"这种荣誉感促使发烧友们很乐意向周围的人推荐小米。

▶ 四、丰富产品线，复制裂变经验

外界总是这样讲：小米像苹果，雷军是"中国乔布斯"。对此，雷军并不认同："如果人们确实想把小米科技比作一家外国公司，你可能会认为小米科技很像苹果。但我认为，小米科技更像带有谷歌元素的亚马逊。"雷军说小米带有谷歌元素，是因为 MIUI 系统是在谷歌 Android 操作系统基础上实现的本土化；说小米不像苹果像亚马逊，是因为小米想发展成像亚马逊一样无所不卖的电商系统。

小米手机大获成功后，小米开始发布越来越多的产品：电视、体重秤、插线板、移动电源、智米全直流变频空调、智米智能马桶盖、自拍杆、电动牙刷、旅行箱、扫地机器人、空气净化器、智能玩具、万能遥控器、化妆镜等，什么热门，小米就研发什么。有人说，小米本质上和腾讯、快手等公司做着同样的事情：让更多人接入互联网。

当然，这么丰富的产品线，靠小米自己的力量已经无法负重，爆品研发的任务就逐渐由小米生态链企业来完成。小米像黑马一样崛起后，越来越多的公司看中它庞大的粉丝基础，自愿成为它的供货商。小米称这些合作伙伴为小米生态链企业，目前小米至少有 45 家生态链企业实现了超级盈利。

双方联合打造的产品，小米称为小米生态链产品，并为这些产品成立了米家品牌。小米生态链企业承包了小米或米家品牌 70% 的产品。小米对生态链企业提出的要求有三个：①产品品质要好；②价格一定要低；③要有粉丝参与。而这三点，正是小米互联网手机的成功经验。

小米打造产品帝国的逻辑就是：复制互联网手机的裂变经验，通过不断制造爆品，来吸收更多人群。

第二节
产品是 1，其他是 0

除了内容，产品也是获取流量的武器，换句话说，产品也是内容之一。从小米身上，可以看到产品在这个时代的威力。过去，产品只是一种消费品；在互联网时代，产品成为一种撬动商业奇迹的工具。通过做好产品这个 1，可以为企业的销售额增加无数个 0。产品的 1 没做好，营销后面的 0 就都没有任何意义。

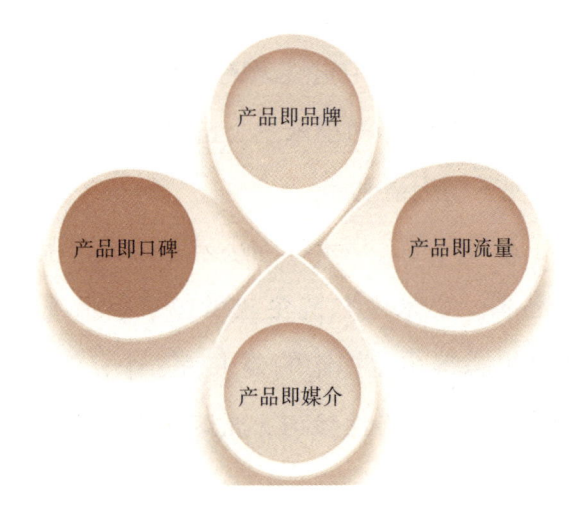

产品即品牌

产品即口碑　　产品即流量

产品即媒介

▶ 一、产品即品牌

"二八定律"告诉我们，20% 的产品能贡献 80% 的销售额。这 20% 的产品，用流量思维来讲，就是不折不扣的爆品。仔细留意，你会发现，几乎各大品牌，都有自己的爆品。

例如，小米有红米手机，可口可乐公司有可口可乐饮料，均瑶有味动力，思朗有纤麸饼干，李子柒 IP 有李子柒螺蛳粉……这些爆款产品都为其所在的企业带来了超乎想象的利润和影响力。现实中，有很多公司靠一款爆品赖以生存。

二、产品即流量

到了互联网营销时代，打造爆品，不再是可有可无的事情，而是一种必备战略。在新营销界，有一句话：**现存流量就那么多，低流量公司迟早会被高流量公司淘汰**。与其想方设法地挖掘新流量，不如直接去截取别人的流量，截取谁的流量最精准呢？就是截取自己同行的流量。设计一款爆品，然后将这款爆品打造成跑量型产品，即可达到截取流量的目的。

例如，有两家紧挨着的社区便利店：甲店和乙店，甲店在店面、装修和货品的档次上均比乙店高，但是乙店因为价格低，客流量明显比甲店好很多。这时，甲店进行了一个操作，成功地把乙店的人流截了过来。

甲店把乙店销量最高的单品，以低于乙店 10~20 元的价格出售，当乙店也降价后，甲店就继续买一送一。这样一来，甲店虽然在这款产品上没有赚到钱，甚至会亏损，但是人流被吸引过来后，销售其他商品的利润远远超过了销售这款产品的亏损。

三、产品即媒介

很多品牌热衷于找各种媒体做广告，尤其是大品牌，每年花掉的广告费达到数亿元，但是效果不尽如人意。

美特斯·邦威的创始人周成建坦承："我曾经走了一些错路，把互联网当成使命，花了很多钱去买流量，但那些流量是留不住的，钱白花了。"某品牌创始人也说过这样的话："打广告来吸引流量，这种东西好比空军，你在天上开着飞机转一圈，全国人民都听到你的轰隆声了。但企业真正要的是转化。"

在传统媒介碰壁后，现在企业已经转向把产品本身媒介化了。产品的外观设计和文案往往能左右消费者的选择，只要在包装上做足文章，产品本身就会成为吸引目标群体的媒介。例如，白酒品牌"江小白"，瞄准"80后""90后"市场，在瓶身文案下了很大功夫：

> "遇见是开始，也是离别的倒计时""最想说的话在眼睛里、草稿箱里、梦里和酒里""有理闯天下，有酒我不怕""让时间慢一点，让酒杯满一点""别等到你有故事才约酒，有时单纯因为好久不见"等，文案句句戳心，很容易引起用户的共鸣，在用户不自觉的分享过程中，江小白的影响力越来越大。如今，江小白已经成为年轻人喝白酒的首选。

四、产品即口碑

爆品是由"爆"和"品"两个字组成的。其中，"爆"是指引爆、爆发的意思；"品"由三个口组成，是众口铄金，是口口传播，最后成为口碑。产品也是人品，一旦人品垮了，后果不堪设想。某主播曾是一平台的"一哥"，却因为"糖水燕窝"从此销声匿迹。

2020年11月,有消费者质疑该主播的徒弟卖的燕窝是糖水。该主播先是回应称,燕窝没有问题,后来被专业打假人士揭露,只好承诺召回直播间售卖的全部燕窝产品,并承担退一赔三的责任,但是为时已晚。最终,该主播向消费者赔付2400万元,也没能保住自己的账号。

第三节
打造爆品的四个步骤

当传统企业还在为如何"触网"犯难时,市面上已经涌现出一大批独角兽企业,它们以爆品为驱动,通过一款产品即可实现10亿元甚至100亿元的销量。**爆品意味着超高人气、巨量用户、可观收入**。打造爆品,已经成为新时代企业的竞争战略。

打造爆品,看似很难,但有迹可循。可以使用以下四个步骤。

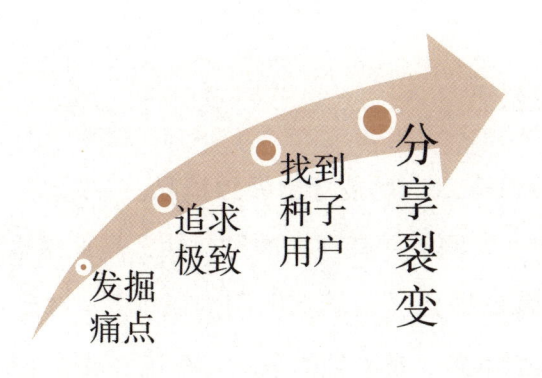

发掘痛点 → 追求极致 → 找到种子用户 → 分享裂变

一、发掘痛点

打造爆品的第一步就是发掘用户痛点。美国哈佛商学院教授克莱顿·克里斯坦森的"需要完成的任务"理论指出：只有真正明白客户要完成什么工作时，即真正明白你的产品需要帮助客户完成什么任务时，你的产品需求才能开始启动。打造爆品的第一步就是深入了解消费者的内心，弄清楚他们迫切需要什么、讨厌什么、有什么困惑，也就是用户痛点所在。

> 例如，iPhone的问世就是源自痛恨。有一次乔布斯和别人一起聊天时，聊着聊着大家开始集体抱怨起手机来。大家都表达出对自己手机的痛恨点，一旁听着的乔布斯就有了这样的想法：其他人肯定也有同样的烦恼，如果我能解决他们的烦恼，岂不是抓住了商机？于是，iPhone诞生了。

产品创新一定要在解决用户痛点的基础上发掘用户痛点，引导更多用户去关注痛点，然后用超越用户期待的解决方案，去征服用户。

二、追求极致

打造爆品的第二步就是打造极致精品。"极致"是小米成功的重要一环，被互联网创业者视为准则。什么是追求极致？雷军曾解释过，"极致就是把自己逼疯，把别人逼死"，做到自己能力的极限，做出别人想不到、看不到的东西。在这种理念下，不管是外观、包装，还是软件、硬件，甚至只是一些小细节，小米都在努力做到

"极致"。

在硬件上，小米起初寻找供应商的道路异常艰辛，员工们几乎是一路"求爷爷告奶奶"地找了1000多家供应商，通过"斗智斗勇"才与知名的元器件供应商和代工制造商建立了合作关系。

小米手机从一开始就追求高配，首款小米手机就有双核1.5GB的主频、Adreno 220的图形芯片、1GB的RAM、4GB的ROM，并支持32GB Micro SD的配置。正是因为雷军这种追求极致的精神，才让小米迅速崛起。

过去，商家的思维是，销量是第一位的，每年推出足够多的新品，即使没什么亮点，也可以维持生存。现在，品牌旗下如果没有一款爆品，就很难在消费者那里获得口碑。"无功无过"的品牌，慢慢会被淘汰。产品聚焦，打造极致精品，让用户获得极致体验，才能赢得新时代的消费者。

三、找到种子用户

打造爆品的第三步就是找到第一批用户，即种子用户。并不是所有的用户都可以成为种子用户，就像不是所有小米粉丝都可以成为发烧友一样。种子用户一般都是对产品极为热爱的用户，他们本身有一定的专业性和影响力，且富有开放冒险的精神和创新的意识，他们愿意尝鲜，还能容忍新产品的不完美。具备这些特征的目标群体就是要寻找的种子用户。

种子用户的作用很大。首先，一款新产品刚推向市场时，难免存在诸多不完善之处，种子用户在体验过程中能快速发现企业自己发现不了的问题。企业根据种子用户的反馈，可以做出修改和完善，甚至增加某些功能。其次，种子用户是裂变拉新的担当者。种子用户参与到产品研发中，当其意见被接受后会自动将产品推荐给身边的亲朋好友。

四、分享裂变

打造爆品的第四步就是社交引爆，即分享裂变。**产品是一切传播、一切营销的起点，需要用产品驱动营销，而非用营销去强推产品**。把产品当作与用户沟通的第一自媒体，用产品这个"自媒体"征服用户，会为后期营销省下不少钱。在设计产品时就要植入社交分享元素，让用户一收到就有想分享的欲望。

沃顿商学院的市场营销教授乔纳·伯杰在《疯传——让你的产品、思想、行为像病毒一样入侵》一书中，讲到六种可以极大提高用户分享欲望的方法。

情绪唤醒　公共性　流行诱因　实用价值　社交货币　故事　分享动机

（一）社交货币

乔纳·伯杰对它的定义是："社交货币就像人们使用货币能买到商品或服务一样，使用社交货币能够获得家人、朋友和同事的更多好评与更积极的印象。"社交货币其实是利用人的虚荣心，通过产品媒介来帮助人在社交中赢得尊重、好评、关注度等。

如何创造社交货币呢？乔纳·伯杰给出的建议是：首先，要能发掘标志性的内心世界；其次，要有一套撬动游戏的杠杆；最后，要使人们有自然天成、身临其境的归属感。

（二）流行诱因

流行诱因就是给产品增加一个催化剂，让它流行起来。人们普遍具有与自己的亲朋好友分享产品和服务的欲望。只要给予他们喜欢的产品，他们就会非常愉快地对产品进行宣传并推广到全世界。

那么，什么样的产品会吸引到人们讨论呢？**有趣而新奇的产品**。因为兴趣会触发谈话行为，而新奇、刺激或某方面极其令人期待的产品，会大大激发人的兴趣。过去，广告商帮助品牌商完成了这一部分使命，广告商经常会努力地设计出令人惊喜的广告。而现在，品牌商自己完全可以在设计产品时增加这一环节。

（三）情绪唤醒

人在敬畏、亢奋、担忧等情绪下，会心甘情愿地传播与之相关的信息。在设计产品时，通过唤醒人的这些情绪，就可以激活人们的共享行为。

例如，某歌手在宣传新唱片时，把自己在飞机上遭遇到的粗鲁对待，临时创作成了一支发泄愤怒的视频作品——《美航毁了我的吉他》，没想到视频的浏览量十天内迅速达到了300万次，并获得了14000条评论。最终，航空公司向该歌手道歉，并做出了经济补偿。而该歌手所在的乐队从无人所知一下子变成了北美流行乐队。

（四）公共性

所谓公共性，就是让产品更具观察性和公开性。假如人们没有看到相关的事物，是不会轻易模仿的，更不可能让这些事物变得流行。因此，要想让产品流行起来，首先要让它更好地被更多人看到。

例如，苹果在设计 iPod 时，发现市面上的电子产品多使用黑色数据线，为了让 iPod 最大化地抢占人们的视觉器官，苹果为 iPod 开发出了白色数据线。

再比如现在很多手机，都有这项设计：当用户在发表微博时，总是会显示"来自××手机"。这就是一种可视化手段。腾讯在这方面做得更好，为了满足用户分享 QQ 音乐到其他软件的需求，QQ 音乐设计出特别的图签和带有其标识的链接，以增加 QQ 音乐在其他网络空间的存在感。

（五）实用价值

人们乐于传递有用的信息。共享有用的信息，可以在帮助他人的同时，让共享者在此过程中显得高尚。例如，很多商品都会标一个原价和现价，目的就是利用参照价格让人感知到自己在省钱。再例如，很多产品喜欢做"每人每天限购×份"的限时限量销售活动，目的就是通过设定稀缺价值，激发人去分享。

（六）故事

故事能够有效地承载信息，并将它们顺利地传递给下一个个体。

人们很少会去思考那些直接获得的信息，但经常会思考那些跌宕起伏的故事。当人们关注故事本身时，里面的信息也在悄然传播。讲述一个品牌故事，或者在宣传时把产品融入一个新奇的故事中，就会起到意想不到的传播效果。

第四节
怎样做到"新、奇、特"

爆品打造的一个关键点在于"新、奇、特"。凯文·凯利在《失控》一书中指出，尽管时代发展日新月异，但是用户的大脑对意料之外的事物，充满了病态化的渴求。这就是"新、奇、特"产品能够流行起来的根源所在。那么，如何打造"新、奇、特"产品呢？

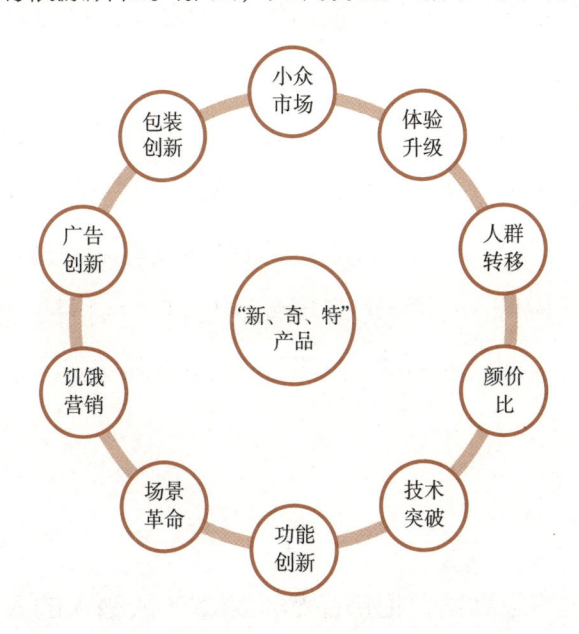

```
                小众市场
         包装创新        体验升级
      广告创新              人群转移
                "新、奇、特"
                  产品
      饥饿营销              颜价比
         场景革命        技术突破
                功能创新
```

一、小众市场

著名的蓝海战略告诉我们，避开竞争的最好办法就是跳出红海，到未知领域去开拓市场。开创没有竞争的小众市场，最有可能出爆款，但同时也很难。毕竟，完全没有竞争的市场在这个时代太难找到了。不过，用心挖掘，还是能找到不少小众市场的。例如，在因办公引起的健康问题没有被足够重视时，乐范科技就推出了一款乐范魔力贴，采用低频电流刺激肌肉放松，销量超过 100 万台。

二、体验升级

改变用户体验，也是一种出爆款的途径。2015 年 1 月，洛可可（LKK）创新设计集团旗下的五十五度科技有限公司自行研发、设计、生产了"快速变温水杯"，100℃的开水倒入杯中，摇一摇（约 1 分钟）就能快速降至人体可饮用的 55℃左右。55 度杯是当之无愧的爆款。

55 度杯因其强大的功能在网络走红，成为当年各大电商的"新宠"，甚至出现了"10 分钟售罄""货源不足"的情况，还有不少商家生产出山寨 55 度杯，导致五十五度科技有限公司不得不发表声明。这些足以说明 55 度杯的市场受欢迎度。从科技含量的角度来说，55 度杯并不是什么神奇的发明，但是它确实带给了用户不一样的体验。

三、人群转移

跳出固化的思维圈，把产品瞄准原本不敢踏入的人群，原来销量一般的产品就可能获得新生。厦门喵宝科技原本是一家主打白领人群文具用品的公司，2016年其将原本投放在办公市场的口袋打印机，转移到学生市场，从而一炮而火。

口袋打印机操作非常简单，只要打开手机蓝牙与喵喵机连接，用手机App操作就可以直接把错题答案连同解析一并打印出来，既满足了错题整理的需求，又节省了时间，深受学生的喜爱。口袋打印机同样没有多少技术含量，它很像一个拍立得，但是因为目标人群的转移，而成为爆款。

四、颜价比

颜价比是某财经作家在2019年年度分享中提出的一个关键词，他认为，随着消费升级不断演进，下一个影响新中产的消费标准将是"颜价比"。新中产是一群追求美好生活的人，他们追求更丰富的物质生活，将审美情趣提升到更高的层次，这是马斯洛需求层次理论在新消费时代的续写。

在消费过程中，新中产会挑选最能打动自己并最适合自己的产品，既要实用，也要美观。颜价比=90% 颜值+10% 微创新。提升"颜价比"，正在成为出爆款的新利器。

在这方面，小熊电器就是一个典型案例。这家成立于2006年的顺德小家电企业，接连推出了酸奶机、空气炸锅、豆芽机、和面机、肠粉机、三明治机等一系列"爆款"产品。小熊电器制造爆款的秘诀就是围绕"80后""90后"的消费习惯，在注重产品功能性的同时，加强产品外观与生活场景的协调。

五、技术突破

技术突破是指在原有技术上的性能提升或功耗下降，是产品推陈出新的主要方向，也是打造爆品的理想途径。说它是"理想途径"，是因为这一方法对于技术研发实力要求很高。

戴森吹风机为什么能风靡全球？除了高颜值，戴森吹风机有两个黑科技：一个是超高速数码变频电动机和风扇的结构专利；另一个是戴森独创的流体力学气流倍增技术。这就是为什么大家都觉得戴森吹风机风很大、吹着很舒服的原因。戴森吹风机的黑科技一直被模仿，但从未被超越，这是它一直流行的关键所在。

六、功能创新

产品的一个新功能可以引爆市场。在卤味行业中，绝味鸭脖一直是"麻辣鲜香"的代表。周富裕创立周黑鸭时，为卤味添加了独特的"甜辣酱"，于是"甜辣"风的周黑鸭开始火遍大江南北。

七、场景革命

在使用场景上做文章，也是爆款常用的手段之一。聚焦人群，重新定义场景，人群越精准，场景越生动，关注量就越高。

送爱人玫瑰，并不是什么新鲜事，但是玫瑰奢侈品品牌ROSEONLY 能将其玩出新高度。

在品牌主张上，ROSEONLY 喊出了"一生只送一人"的营销口号；在场景创新上，ROSEONLY 通常把玫瑰送到办公室，这一做法的优点是引发别人羡慕。收到花的女主角备受关注，她因此愿意在微博、微信上分享。围观的女孩子会因为羡慕，而@自己的男朋友、老公去买，如此一来，传播率和分享率大大增加。

◆ 八、饥饿营销

饥饿营销是打造爆品的手段之一。故意放慢产品供货速度，延长线上或线下排队时间，激发好奇心，增强裂变效果。近几年，线下最热闹的营销事件之一，莫过于某奶茶品牌的排长队。该奶茶品牌每进入一座城市，必引发排队购买，这就是该奶茶品牌独特的打造爆款的方式。排队这种方式富有成效，仅该奶茶品牌在朝阳大悦城的店月销售额就达400万元。

◆ 九、广告创新

广告的意义不言而喻，在广告上玩出新花样，产品自然会吸引较高的关注。2017年5月，某化妆品品牌凭借一组一镜到底的广告——《一九三一》，刷遍朋友圈。经典的民国风画面加上离奇的悬疑故事，让人过目不忘。

1931年，一名摩登女郎，看似在上海的街头漫步，实则是在完成一项刺杀任务，女郎完成刺杀任务后表示"**我的任务就是与时间作对**"，而"与时间作对"正是该品牌的主张。该品牌的这组一镜到底的广告被奉为经典广告，梅花网、虎嗅网、百度百家等热门自媒体对此进行了详细报道。该品牌的全新玩法，让年轻消费者对其"刮目相看"。

十、包装创新

爆款裂变的一个关键就是分享，在产品包装上增加富有创意的社交元素，是近年来打造爆品的方法之一。在包装创新方面，可口可乐堪称"鼻祖"。2011年，可口可乐在澳大利亚率先启动"昵称瓶"，活动很快火遍全球。

在国外，"昵称瓶"的做法是将迈克、大卫、马丁、山姆、玛丽等常见的名字印在瓶子上，消费者选择朋友的小名，送给对方。

在中国，可口可乐执行这个策略时，遇到了难题，中国人的名字重复性远不及国外，于是可口可乐就根据"80后""90后""00后"的喜好，改用网络热门称呼（"白富美""吃货""小清新""喵星人""学霸""文艺青年""纯爷们""你的亲""邻家女孩"等60多个标签）来代替，效果同样惊人。"昵称瓶"后，可口可乐在中国又推出了"歌词瓶"，也成了爆款。

第七章

社群裂变，让营销变成游戏

美国著名推销员乔·吉拉德在销售工作中总结出了一个"250定律"：每一位顾客身后，大约有250个亲朋好友。如果赢得了一位顾客的好感，就意味着赢得了250人的好感；反之，如果你得罪了一位顾客，也就意味着得罪了250位顾客。

我们每个人都会连接到250个朋友，这250个朋友是我们开展社群营销的基础，他们会帮助我们获取更多新用户，然后新用户又会影响到更多新用户，形成循环式裂变。其中的关键是将企业利益拿出一部分分给用户来换取他们的社交资源，让用户从宣传中获益，进而实现用户的自循环。

第一节
案例观察：樊登读书会的增长奇迹

樊登，曾是中央电视台节目主持人，主持过《实话实说》《12演播室》《选择》《三星智力快车》《成长在线》《奋斗》《商界传奇》等节目。2013年，樊登从中央电视台离职，回到母校西安交通大学，成为一名教师。在四处讲MBA、EMBA课程时，很多学生请他推荐书单。

樊登就把自己读过的每一本书，提炼成精华，写成PPT，以300元的价格卖给学生。没想到，购买的学生非常多。于是，樊登有了创业卖阅读心得的想法。为了试水，樊登建了一个付费微信群，每天定时在群里为听众讲书。仅一周时间，一个群就变成两个群。两个月后，两个群变成了八个群，有上千人成为樊登的付费学员。

2013年10月，樊登读书会成立。**读书会瞄准的痛点是绝大多数人需要学习、需要读书，但是没有时间读，或者说没有能力读出**

精髓、读出味道。当时，解读图书的人已不少，他们普遍以搬运图书精华给用户为分享方式，樊登作出了差异化解读——将书中的内容和现实生活以及自身感悟相结合进行深入解读。

樊登尝试建了一个微信群，在群里为听众讲书，愿意听的人付费进群，第一天进来500人，第二天就变成两个群。就这样，樊登读书会有了最初的"一千铁杆粉丝"，而这些粉丝基本都是听过樊登线下课的学生，他们是樊登读书会社群裂变的发起人，后来变成第一批代理商。

樊登对内容付费经济有自己的独到见解："从一开始我就觉得内容收费不是靠用户自觉购买，而是应该靠朋友推荐或他人推荐。"所以，在获取听众的道路上，樊登读书会采用社群裂变的方式实现快速增长。

樊登读书会的裂变方式具体分为以下三种。

一、邀请制拉新

樊登读书会举办过一个"7天VIP听书福利"活动，种子会员在生成二维码推广图后，可以通过保存图片或直接转发分享给别人。被分享者扫码进入后可以直接点击播放按钮试听三本书籍的解读音频，试听书籍为《关键对话》《如何培养孩子的社会能力》《幸福的方法》。

如果觉得有趣，就可以点击下方的"免费体验"或"付费入会"按钮。"付费入会"的流程很简洁，会员账号默认为手机号，会员时间默认为1年，支付方式默认为微信支付，服务协议默认选择，用户只需点击"立即入会"按钮即可。

"免费体验"的流程会稍微复杂一些，最主要的区别就是免费体验需要手机验证码，当输入验证码后，就可以注册账号，同时手机号也会被上传到系统中。

注册后用户可以免费试用 2 个月，可以在线听书，但不能下载内容。体验一段时间后，当地的读书分会会长会主动联系体验用户，询问一些简单信息后，会邀请该用户进入当地社群，体验学习氛围，提高转化率。

一般来讲，有 10% 的用户都会在第一次转化，有 20% 的用户会在接下来一两个月内转化，转化率还是相当高的。

二、积分制拉新

樊登读书会曾经在微信鲸打卡小程序上做了一个名为"读书打卡 | 伴你成长（300 天送年卡）"的活动。该活动要求：学员只要打开樊登读书会的县级授权点打卡小程序，每天解锁一个课时，次日解锁下一个课时，并保存日签图片分享到朋友圈，即可完成打卡，打卡赢取相应积分，积分以排行榜的形式展示。

樊登读书会设置了 300 个课时，完成一次读书感悟并打卡就可以解锁下一个课时，做到线上陪伴式学习，让学习有了氛围驱动力，学员的打卡积极性迅速得到提升。学员每次在微信小程序完成打卡后，即可生成精美日签，同时在日签上添加了二维码，方便学员单独邀请好友或分享到微信群、朋友圈，拉动更多的人参与活动。

为了激励学员打卡，樊登读书会利用微信鲸打卡的排行榜实时展示积分，强化奖品奖励，不断激发学员打卡，邀请新学员，成功吸引了 5169 人参与课程，完成了 5039 次打卡。

类似的活动还有很多，比如，打卡积分兑换樊登读书会年卡、领取 21 天阅读习惯养成卡、打卡 21 天领取 80 元学习金或产品券等，通过打卡这种方式，会员人数与日俱增。

三、代理制拉新

樊登读书会在全国各地建立读书会分会，每个分会与总读书会共享收益。樊登读书会的分销模式是代理商一次性买下整个区域的代理权，如果经手客户的电话号码归属地属于这一区域内，则这些经手客户的所有业务代理商都有利润分成。

2017 年，樊登读书会的特许经营加盟费是 3 万元，书店运营管理费是 2 万元，书店开张还要采购 5 万元会员年卡。之后还有严格的考核机制，每个书店至少配备 3 名工作人员，每周至少在书店举行一次线下沙龙，每月发展 20~150 名付费会员。

为了高额的加盟费和奖励，代理商都拼命拉新人，于是樊登读书会在线下发展得非常快。例如，在某常住人口 5 万多人的县城里，樊登读书会竟然发展了 4000 多名会员，并且续费率高达 85%。经过四年的发展，樊登读书会会员人数已超过 690 万人，在全球拥有 1700 多个分会，还在新加坡等地成立了 47 个海外分会，年收入破亿元。

第二节
最常见的九种活动形式

某财经作家说："不做社群，未来将无商可谈。"何谓社群？广义的社群，是指基于共同的兴趣、爱好、价值观、目标，在一定规则与结构的指导下聚集在一起的人群。狭义的社群，是指微信群聊。社群裂变是通过活动的设计和引导，让每一位参与的用户去拉动自己的微信好友参与活动，从而建立社群，活动的影响力也由此在目标用户的社交网络层层渗透，最终获得指数级的用户增长。

社群裂变的方式有很多，常见的九种活动形式如下。

❯ 一、拉群裂变

用户扫码生成专属海报，推广邀请×人扫码进群，添加小助手即可领取相应的奖励。

❯ 二、任务裂变

对邀请进群的用户设计梯度奖励，比如邀请10人奖励×元，邀请30人奖励××元，邀请100人奖励×××元。

❯ 三、分享裂变

分享裂变形式适用于单次体验成本较高的产品，尤其适用于虚拟产品，如知识付费产品、线上教育课程等。最常见的方式就是分享免费听课，通过分享来抵消实际价格，同时触达更多潜在用户。具体操作形式多为用户扫描活动海报上的二维码，生成自己的专属海报，通过群发、私聊或微信群等渠道推广海报和文案，其他用户点击分享链接后，分享者获得福利。

四、分销裂变

用户只要推荐了好友或好友的好友进行购买，推荐者即可获得一定比例的收益，即佣金，某些平台的推广会员模式、裂变海报模式皆属于分销裂变。樊登读书会采取的是分销裂变形式，樊登读书会 App 主要以邀请制和积分制为拉新机制，整个机制包括签到、邀请好友和积分商城。

五、转发裂变

这是"最原始"的裂变形式。就是让用户转发海报到微信群或朋友圈，难度系数最低，但缺点也很明显：用户很不精准，而且效果不可控，用户在转发朋友圈时可能会设置分组可见，领完奖品后可能会立即删除。尽管可以通过硬性规定"不得设置分组可见""朋友圈显示 36 个小时"，但效果始终不是最好。这种裂变形式，可以当作"练手"活动。

六、集赞裂变

集赞裂变是对转发裂变的升级。集赞能很好地解决朋友圈设置分组的问题，集齐×个赞才送东西，这样用户就要确保有多于×个人看到自己的朋友圈。用户即使设置了分组，也会考虑对活动感兴趣的人，相当于参与活动的用户在帮助主办方过滤用户。

▶ 七、拼团裂变

用户发起拼团，利用社交网络让好友和自己以低价购买产品，从而起到裂变效果，基本逻辑是通过分享获得低价。

▶ 八、打卡裂变

设计打卡模式，估算退返数量与毛利额，准备打卡数量或搭建打卡载体，发布活动或人工干预，动态展示打卡成果或循环刺激，用户完成打卡活动后，给予用户福利券或现金。

▶ 九、红包裂变

使用红包裂变是很多 App 主打的一种手段。根据用户的兴趣、习惯以及企业的投入产出比来制定出最合理的规则，主要是分享可得、集卡可得以及注册、下载、购买可得福袋等规则。

第三节
如何设置强吸引力的诱饵

社群裂变的关键因素就是设置诱饵。如果选择的诱饵不够诱人，首批参与活动的种子用户都不感兴趣，那么注定会是一场失败的裂变活动。

诱饵主要分为三大类：干货产品、服务和红包。什么样的诱饵才是好诱饵呢？好诱饵应该具备以下特点。

（好诱饵：实用性、通用性、高价值、低成本、相关性、真实性）

一、实用性

用户可以真切地看到它的用途，并且一看到它就很想得到它。"天下熙熙，皆为利来；天下攘攘，皆为利往"，人们参与转发活动，肯定是奔着一定的利益而来的。华而不实的东西，在内卷严重的营销时代，注定是不会成功的。哪怕是想不到好的产品，简单粗暴地发红包、优惠券也是可以的，只不过这种吸粉手段的成本高。

实用产品可以分为以下四个类别，在选择时要有的放矢。

- （1）高频刚需的生活日用品，价格比较透明，无须太多口舌，想领取的人就很多。
- （2）低频刚需的产品，像手机、空调、家具等几年才购买一次的产品。
- （3）高频非刚需的产品，如咖啡、运动健身类产品。
- （4）低频非刚需的产品，如保健品和理财产品。

二、通用性

诱饵对尽可能多的人具有诱惑性。适用的人越多，吸引到的人才会越多。小众的诱饵，价值再高，一般人觉得用不到，而觉得可以用到的人，也未必是我们想要寻找的人。

三、高价值

实物诱饵，可以链接电商平台的定价，价格越高越让人心动；如果实物价格不高，那么尽力让它显得贵。例如，从某电商平台批发来的产品，要做一些附加工作，打造特制品、定制品、特权专属等，总之要让目标受众感到独一无二，值得炫耀。

虚拟产品，需要花一番心思，或者写出有质感的文案，或者找出干货满满的资料包，如相关教程、小知识集锦、影视资源、PPT、小说、简历模板、线上公开课、游戏皮肤等。

❯ 四、低成本

诱饵成本足够低,才能降低裂变成本。如果赠送的产品成本过高(特别是实物类产品,还需要算运费),那么需要助力的人数必然就比较高,这将会大大增加用户参与活动的门槛。因此,最简单的方法就是从自有资源中挑选,如果是企业,完全可以从企业的产品中去选择那些销售得比较好的产品或服务,或者经过市场调查后,明确准备打造爆款的相关产品或服务。

❯ 五、相关性

这个相关是指诱饵要与业务相关。例如,与培训相关的社群,可以送免费课程;与母婴相关的社群,可以送儿童绘本或儿童内衣;与护肤相关的社群,可以送试用装或化妆品收纳盒等。只有吸引到与业务相关的人群,才能够在未来进行客户转化。关联度越高,获得精准用户的可能越大。裂变的过程,也是过滤掉不精准用户的过程。诱饵的相关性,有助于实现这一点。

❯ 六、真实性

赠送的奖品一定要如实赠送到位,否则虚假活动造成的后果,超乎想象。获奖概率低、奖品最终拿不到手,对于品牌的杀伤力很大,在自媒体时代是灾难性后果。最终公关花掉的成本要远远高于诱饵的成本。

第四节
裂变海报的基本要素

诱饵的呈现方式靠海报，也就是落地页。社群裂变活动能否成功，很大程度上取决于海报的设计。

研究表明，普通人看到感兴趣的内容，会在3秒内作出继续了解的决定；决定参与后会在5秒内快速寻找其他辅助信息，来帮助他作出是否参与的决定。也就是说，用户从看到裂变海报到作出参与活动的决定，整个过程不超过10秒。换句话讲，就是裂变海报要在10秒内吸引用户关注并完成决策，否则这张海报的设计就是失败的。

一张成功的裂变海报应该具备以下要素。

一、主标题

主标题应该直击痛点，告诉用户点开海报的理由。痛点不是产品亮点或卖点，而是从用户的需求出发，发现其需求。比如，简书的裂变海报常年就用一个标题：你多久没有读过一本书了？没时间读书是现代人的共同痛点，看到这句话，很难不点进去。戳中了用户的痛点，用户才会行动起来。

主标题设计有两个原则：一是标题要简洁明了、短平快，让用户一眼就能看懂，而不需要思考；二是字体要足够大，在保持一定美观的基础上把字体做到足够大，让用户看起来毫不费力。

二、副标题

副标题是对主标题的注解，主标题击中用户的某个痛点，**副标题的任务就是提供解决方案**。副标题最好用阿拉伯数字量化。这里的内容就可以是产品的卖点和亮点了。海报本身的承载能力有限，要列出对用户特别有吸引力的卖点，而不是把卖点全部列出来。

副标题部分要强调易得、突出可实现性，比如，小白 7 天学会新媒体运营，这种短期实现的内容更能吸引用户加入，现代人大部分有希望短期内学会一种技能的心理。

三、优惠信息（福利）

用户参与裂变活动不仅抱有解决痛点的心理，还抱有获得福利的心理。所以要把福利介绍清楚，并且**要制造紧迫感**。现在参加这个活动和不参加这个活动有什么不一样？今天参加和明天参加有什么不一样？为什么要现在就参加？只要用户被诱惑住，加入社群就是很自然而然的事情了。总之，**要让用户有一种"一看就想要""我参加这个活动我占了大便宜"**的感觉。这里务必要有限时、限量领取的提示。

四、信任背书

信任背书可以是某个明星或 KOL（关键意见领袖），一定是有影响力的人，而不是随便某个人；也可以是一个组织或一个知名品牌，甚至可以是企业老板；还可以是某个著名影视作品。背书不仅能增加信任感，还能给人一种能和名人一起互动的感觉，可以增加社交货币属性。

五、用户身份

所谓用户身份，是目标群体画像，也是用老用户的身份为活动背书。用现身说法来吸引更多人参加："亲测活动真实有效，一起来参加吧！"

六、视觉元素

为了让主题更加突出，会用到图片等视觉元素，这里要把握以下三点。

（1）把图片尽可能放大，修得有品质感。

（2）图片千万别花哨，记住用户是冲着福利来的，没空欣赏设计水平。设计得太花哨，会遮盖活动本身的魅力。

（3）海报中使用的图片和文字不要侵权。

七、流量入口（二维码）

裂变活动，一定要有裂变入口，否则活动无效。二维码不仅要突出，还需要一些辅助文字。例如，在二维码旁边加上"原价499元，今天扫码即可0元免费领取""前100名免费领取"等文字，能制造紧迫感和稀缺性，可以让用户快速决定参与活动。注意：裂变海报中放入的二维码是活动二维码，而不是群二维码。

八、高回报提示

最好能单独突出用户参加这次活动的回报，如邀请2人能获得会员，邀请20人能获得奖品等，让参与者感觉到回报很大且容易得到。

最后需要提醒的是，海报最好多做几个版本，前期在内部或在外部小范围测试，经过多次优化再传播，比较科学。可以这样操作：给从未见过海报的人看 10 秒，询问其第一感觉，以此来判断海报是否能传达出活动想要传达的信息。

<h2 style="text-align:center">第五节
活动流程的把控要点</h2>

一场完整的裂变活动要经历这样一个流程：前期活动准备→冷启动→扫码识别→进群→小助手引导群成员宣传海报并进行群管理→朋友圈截图发群里 @ 小助手→后台审核→审核成功发放奖品→活动反馈与复盘。

整个活动流程应当把控以下十个要点。

制定完整活动方案 → 准备活动推广渠道 → 测试并预估活动效果 → 裂变活动的成本预算

寻找种子用户 ← 统一成交话术 ← 编撰裂变活动的文案 ← 裂变活动的系统配置

社群的管理与维护 → 活动结束后续处理

一、制定完整活动方案

在做裂变活动前，你可能想了很多创意，但是拿不定主意，这时就需要做一个动作：用户调研，通过简单的询问或正式的问卷分析，发现用户的真正需求，基于此来确定执行计划。执行计划制定得越详细越好，最好确定每一个细节。站在用户的角度，梳理出完整的活动路径，一份靠谱的方案就制定出来了。

二、准备活动推广渠道

推广渠道直接决定本次活动的覆盖面，覆盖面越广，活动的传播范围就越广，参与的人也就越多，所以在开始活动前，就要想清楚渠道从哪里来。活动推广渠道分为线上渠道和线下渠道两种。

线上自有流量渠道包括公众号、自建社群、客服号、公司员工、公司自有网站以及 App 等；线上外部流量渠道包括大流量公众号、KOL 微博、社群、客服号、其他网站等。

线下自有流量渠道有门店海报宣传、线下传单发放、线下活动等；线下外部流量渠道有楼宇广告、大型广告牌等。需要提醒的是，不要把所有渠道一次性使用完，要分开使用，低成本试错，并根据数据反馈不断调整优化。

三、测试并预估活动效果

一般情况下，在活动正式推广前先做一个小测试，目的就是测试这个活动的可传播性。如果 1 小时无法拉满 100 人，那么这个活动基本上可以放弃了，因为大家对这个活动根本没有兴趣。如果在

30 分钟内能拉满 100 人，就可以大胆宣传了。

❯ 四、裂变活动的成本预算

在正式启动裂变活动前，要算好一笔经济账，把人力成本、奖品费用、物流成本、KOL 邀请费用、海报制作成本、营销工具费用等都详细列下来，对整个活动所需的费用进行经费预算，然后根据裂变目标做一个人均费用的预算，以此来预估成效或进一步修订裂变人数目标。

❯ 五、裂变活动的系统配置

扫码授权裂变公众号的后台，配置裂变公众号的菜单栏，开放活动参与入口——服务号或订阅号，选择裂变工具。业界通常选择的裂变工具有进群宝、爆汁裂变、八爪鱼增长专家、草料活码工具、活码云、创客贴等。

❯ 六、编撰裂变活动的文案

文案要覆盖活动的各个环节，方便直接复制使用。所需文案包括群发邀约文案、发朋友圈文案、进群群通知文案、活动主题介绍文案、分享者塑造文案、审核通过后的文案、活动结束的反馈文案等。

❯ 七、统一成交话术

对参与分享裂变的工作人员进行统一培训，对用户会问到的问题，作出统一回答。

八、寻找种子用户

裂变的核心要义在于存量找增量。存量用户基础是裂变成功的关键。企业可以在存量用户中找到那些具有影响力、活跃度高的忠实用户，作为种子用户。种子用户要具备三个特征：活跃度高、影响力大；质量的重要性高于数量；需要反馈建议。

九、社群的管理与维护

社群工作内容包括给社群命名、维护社群的规则、实时把控裂变社群的氛围、解答用户的疑问，以及将发广告或捣乱的用户及时移出群等。可在每个群安排2~3名客服人员做群公告和群规工作。

十、活动结束后续处理

裂变活动结束后，在群内发布活动结束文案，明确告知用户是什么活动结束，不能留有疑问。对于实体奖品，应在客户数据收集完成后尽快发货，不得拖延过久，否则会让用户失去信任感。奖品全部落实后，在公众号发文感谢，在感谢用户参与的同时进行营销活动预告。

另外，无论裂变活动效果如何，都要对活动数据进行复盘，这样在下次活动中会做得好。社群裂变是一项可持续性的工程，不要期望一次活动就能达到海量涨粉的目的。

数据复盘需要收集的原始数据有启动量、扫码人数、入群人数、完成任务人数等。有了这些数据，就可以分析活动效果差的原因。

例如，扫码人数太少，可能是因为启动量少、信息触达率低、海报没有吸引力、激励不够等；入群人数少，可能是因为门槛设置得太高、中间环节多，让用户失去了耐心，或者是因为进群标签设计得不合理，也可能是因为退群人数较多；完成任务的人数太少，可能是因为任务门槛高、话术引导不明确、过早放出奖励等。总之，通过复盘，可以发现很多问题。

第八章

培养超级用户,实现低成本拉新

心理学中有个第三者效应，是指在一般人的观念里，总认为"第三者"所说的话较具客观性、较为公正。还有一个权威原理，讲的是人们都愿意听从权威者的意见，权威者的一言一行都可能给人们施加某种影响，无形地操纵人们的行为。超级用户集"第三者"和"权威者"于一身，他们对身边人有着极强的辐射力。普通人只能影响到250人，超级用户则可以影响到几千人，甚至几万人。

对于企业来说，超级用户有两个维度：第一，在他的生命周期里，他的价值很高；第二，他具有非常高的裂变能力，服务好他，激发他的活力，企业的流量就能实现无限裂变。

第一节
案例观察：小米有品有鱼的发展思路

有品有鱼是小米在 2019 年 4 月上线的一个社交驱动型精品生活会员电商平台。秉承小米一贯的价值观，通过社交裂变的方式，让更多的用户体验到高品质、高颜值、高性价比的商品。

小米的商业模式有三项：一是与智能手机相关的硬件业务；二是 MIUI 软件系统；三是小米商城。其中，小米商城旗下又有小米之家、小米有品和有品有鱼。

那么这几个商城之间有什么区别呢？

小米商城，是米家的网上旗舰店，是小米产品的大本营。在这里，用户可以一站式购买小米旗下小米、红米、米家品牌的所有产品，包括智能手机、互联网电视、智能硬件及小米生活周边等产品。

小米之家，是小米线下集形象展示、产品体验咨询和销售功能于一体的实体体验店，同时也是小米"新零售"战略的重要组成部分。小米之家的产品售价与小米商城同步，核心就是把线上和线下打通，改善购物体验。如果用户觉得线上购物体验不够直观，可以到本地的小米之家，近距离接触实物。

小米有品，是小米旗下以品质生活为中心的精品电商平台，主要用小米模式做生活消费品，把小米式的极致性价比扩展到更多的领域。小米有品的产品涵盖了家居、日用、家电、智能、影音、服饰、出行、饮食、餐厨等产品品类，是小米"新零售"战略的重要一环。**小米有品本质上是和京东、淘宝一样的传统购物电商平台。**

相较小米有品而言，**有品有鱼的最大特点是会员制电商平台**，属于 S2B2C 电商模式（一种全新的电子商务营销模式）。简而言之，用户除了可以在这里直接购买商品，还可以申请成为平台的会员，享受会员价格购物，还可以在购买后通过社交分享来赚钱。也就是说，可以花原本该花的钱，赚原来赚不到的钱。

小米为什么要推出有品有鱼呢？顺势而为。一方面，拼多多等社交电商平台已经上市，淘宝也开始转型做社交电商，未来 8~10 年内社交电商有巨大的发展空间；另一方面，国家提出"大众创业，万众创新"，自由职业者越来越多，加入社交电商的人也变得越变越多。

那么，**有品有鱼在社交电商赛道有什么优势呢？**

> **（1）用户优势**。小米在全球拥有 1.9 亿粉丝，这些粉丝将持续地为小米有品有鱼社交电商平台注入新鲜血液。小米的用户和小米有品的用户会持续不断转入小米有品有鱼社交电商平台。这是其他社交电商平台不具备的优势。

> **（2）产品优势**。社交电商平台的选品和供应链问题是大难题。产品品

质有保障，才能与客户直接形成黏性。而依托小米这个大品牌、小米生态链公司的供应渠道和小米有品这个"大超市"，有品有鱼社交电商平台在选品和供货上完全不用担心。"**极致性价比**"**是小米的核心价值观**，小米产品都是"**同等价格品质更好，同等品质价格更低**"的，这也是小米公司能够被上亿粉丝喜欢的根本原因。有品有鱼社交电商平台提供的产品也秉承了这一原则。

> （3）**激励优势**。同样是采取三级分销模式，但是在有品有鱼分享赚钱，不需要晒图等行为，而是真真实实地帮助人通过社交营销赚钱。每个人根据自己的社交影响力去分享产品，赚取相应的分成。有品有鱼在推广奖励上制度完善，采用集直推、差额、平级和流量变现于一体的模式。

有品有鱼的 S2B2C 电商模式，本质上是通过平台提供产品、技术和服务，培养和扶持会员也就是超级用户，然后通过会员去影响更多用户。这一模式是在社区团购模式的基础上进化而来的，因此为了让读者更好地了解 S2B2C 电商模式，接下来会详细解读社区团购模式。

第二节
社区团购模式

2018 年，在经济下行之际，社区团购模式诞生了。这一年，资本用真金白银表达出了对社区团购的热爱，如多多买菜、美团优选、橙心优选、淘菜菜、十荟团、兴盛优选、食享会等，一时间，社区团购大火。

社区团购的主流模式是以二、三线城市的小区为单位，线上建立微信群，招募小区便利店店长、快递站站长为团长，在线上微信群内发布商品预售和团购商品信息。用户通过小程序下单后，平台统一发货到小区，用户到线下提货点取货，完成整个交易。而平台则提供品牌、技术、货源、物流、售后服务等支持。

与传统线下门店相比，社区团购省去了房租、人力成本，采用预售模式，以销定采；与传统电商相比，社区团购可以从原产地、工厂或大型中转仓直达社区，最后一公里由团长或消费者自提，降低了每单的成本。

社区团购能够成为炙手可热的新模式，关键在于效率。传统快消品的流通链路为"品牌商—经销商—批发商—零售门店—消费者"，是典型的自上而下的流通方式；而社区团购的流通链路为"消费者—团长—平台—品牌商"，商品的采购主体由店主变成了消费者，在配送速度上达到了前所未有的高度，减少了消费者的等待时间。

不难看出，社区团购模式的本质依然是 S2B2C 电商模式。这里，团长是 B，平台是 S。团长就是团购平台要找到的超级用户，他们负责裂变。社区团购模式中团长的角色非常重要。可以说，选择一个得力的团长是社区团购成功的关键因素。

▶ 一、社区 + 社群

社区团购的本质，是获得用户的信任，提高复购率。在入群这一点上，社区团购会省去很多气力，因为社区用户，几乎都会逐渐加入社群中。因此，社区团购社群运营的重点是让社群一直维持活跃的气氛，让用户对团长及团长所在的平台产生认同感，让老用户吸引新用户。所以，团长的任务不仅是商品的接收、挑拣、递交，还要维持和把握好社群的活跃度以及售后服务。

当下，社区团购产品基本上都是以生鲜为主，加上配送速度要求很高，商品到用户手中，难免有不满意的情况，这时团长的处理能力就尤为重要，否则很容易产生顾客流失、平台名誉受损的问题。

二、启动群 + 裂变群

（一）启动群

万事开头难，社区团购在启动时，可以在小区门口的公告栏粘贴宣传海报，也可以通过在社区门口摆台进行地推，总之要让社区居民知道社区团购进驻小区了，然后通过爆款秒杀活动，发布一些刚需产品，引导消费者扫码进群，进群后再赠送毛巾、脸盆、牙刷等日常用品等留存消费者。

当社群内的人越来越多后，团长每天的任务就是复制商品宣传文案，引导消费者进入小程序自行购买。如果团长的文字编辑能力较强，可以针对本小区居民的偏好，编辑一些接地气的文案，维持社群的活跃度。

（二）裂变群

在启动群人数逼近群人数极限时，可以从中找到重购率高的种子客户，建立裂变群。有了 30 个种子用户后，就可以开始建群，利用一些优惠券，群接龙的裂变活动，号召种子用户进行宣传吸收新消费者入群。如果种子用户对这种团购模式比较认可，他们会推荐给自己身边的朋友，这样裂变的目的就达到了。

然后，团长再在裂变群中寻找新一批种子用户，建立新群，如此循环裂变下去。

三、名义佣金+裂变奖励

团长收入分为两个部分：名义佣金和裂变奖励。

名义佣金＝团长自身销售额×名义佣金率，不同种类的商品、不同的销售规模存在不同的名义佣金率。各平台的名义佣金率在5%~10%不等。

裂变奖励是根据下属新团数量和销售表现而给予不同等级的奖励。

以美团优选为例，当团长直属下级团长小于或等于3个时，可获得培训费（新开团下级7天销售额大于1000元，可获得培训奖励100元，大于5000元则追加奖励60元）；当团长直属下级团长大于3个时，可获得培训费（规则同前）和下级团长销售提成（直属下级团长销售件数的12%和隔级下级团长销售件数的3.6%）。橙心优选的"合伙人制度"同理，以当月直推团长和直推合伙人的订单总量作为奖励基础。

现在各大平台都在下调佣金率，以激励团长投入更多精力用于维护客户群和开发下级新团。团长的收入越来越两极分化：订单少、下属团长少的团长收入低，而订单多、培训下级能力强、下级团长具备活力的团长将不断获得新增收入。

第三节
如何筛选超级用户

"超级用户"一词被罗振宇在《时间的朋友2017》跨年演讲时不断提起,从此广为人知。罗振宇提出"**面向超级用户,才能春暖花开**",品牌不只要关心自己有多少用户,更要关心自己有多少"超级用户",也就是愿意为品牌付费的用户。

超级用户有一个最直接、最鲜明的特征,就是付费。复购率高,反复下单,超级用户用实力而非口号展示认可。但是超级用户并不等于VIP用户。过去多以"金钱"来衡量用户的价值,于是有了"VIP用户"这个概念。但在互联网的下半场,超级用户除了贡献"金钱",更大的作用是帮助产品扩展用户、激发用户的需求。

贝恩研究显示,随着购买次数的增加,用户就会向更多人推荐产品,因为用户每一次地购买都伴随着对企业满意度的增加,所以他们也就愿意进行积极推荐。同时,购买10次的用户比第一次购买的用户,推荐的用户数会多1倍。

超级用户其实并不神秘,不论什么行业,都存在着愿意在某类产品上花大价钱、愿意花时间研究产品、愿意主动推荐新用户使用的超级用户。

超级用户可以分为两种,第一种是ARPU(Average Revenue Per User,用户平均收入)型超级用户;第二种是GMV(Gross Merchandise Volume,商品交易总额)型超级用户。

一、ARPU 型超级用户

所谓 **ARPU 型超级用户**，就是个人平均收入比较高的用户。这类用户总消费额非常高，对企业和品牌非常忠诚，会把更多的消费放在所爱的品牌上。这类用户很容易通过数据筛选出来。

过去，他们通常被赋予"产品专家"的角色，因为他们对某类产品异常了解、有超高热情，所以厂家有时会在产品研发时听取他们的意见。而在网络社交时代，**ARPU 型超级用户具有成为意见领袖的潜力**。这样的 ARPU 型超级用户，完全能胜任"超级会员""超级团长"的任务。

二、GMV 型超级用户

所谓 **GMV 型超级用户**，就是带货能力强的用户。这类用户本人的消费能力一般，但是他们可以通过自己对外界的影响，让更多人进行购买。这类用户又可以分为以下类型。

> （1）KOL（Key Opinion Leader，关键意见领袖），是为各厂家宣传的专家或权威，通常是某行业或某领域内的权威人士。KOL 对某类产品比一般人更了解，有更广的信息来源、更多的知识和更丰富的经验。他们观念开放，接受新事物快，关心时尚、流行趋势的变化，愿意优先使用新产品，往往是企业新产品的早期使用者。

> （2）KOC（Key Opinion Consumer，关键意见消费者），与 KOL 相对应。相比于 KOL，KOC 的粉丝更少，影响力更小，但 KOC 的优势是更垂直。KOC 分享的内容多为亲身购物体验，他们的短视频更受消费者信任，他们距离消费者更近，更加注重和粉丝的

互动，由此 KOC 和粉丝之间形成了更加信任的关系。因此，越来越多的企业选择和 KOC 合作。

> （3）微商。2011 年，腾讯推出微信。2013 年，零星微商开始出现，时人皆骂：微商就像一粒老鼠屎毁了朋友圈的社交风气。2014 年，微商行业开始爆发，随后几年间，微商从最初的野蛮式发展逐步过渡到成熟稳定阶段，慢慢走向了正规化。2017 年 6 月，微商被列入"分享经济"，3000 万大军进入了微商队伍。2020 年疫情期间，微商再次成为国民焦点，有人感叹"当年鄙视微商的，2020 年都活成了微商"。越来越多的企业和品牌开始拥抱微商。微商有成熟的运营团队，当他们认可你的产品后，就会成为你的超级用户。

> （4）明星，拥有海量粉丝，他们的影响力是前三者无法比拟的。企业找到能为自己产品代言的明星，**就相当于找到了"超级用户中的战斗机"**。

总而言之，企业筛选超级用户，就是找到自己的 ARPU 型超级用户，或者是 KOL、KOC、微商、明星以及上面提到的团长等 GMV 型超级用户，借助他们自身已有的私域流量，来实现用户增长。

第四节
如何激励超级用户

找到超级用户的目的就是充分利用他们的影响力，去吸引更多的用户参与进来,进而转化为消费者。那么,如何去激励超级用户裂变拉新呢?

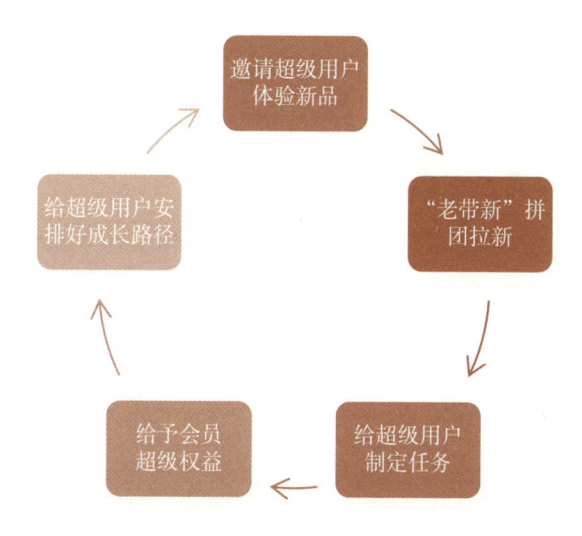

邀请超级用户体验新品 → "老带新"拼团拉新 → 给超级用户制定任务 → 给予会员超级权益 → 给超级用户安排好成长路径 → 邀请超级用户体验新品

一、邀请超级用户体验新品

根据超级用户乐于分享、乐于传播的特征,在推出新产品时可以邀请他们优先体验,甚至在产品研发、新品上市调研等活动中,就可以邀请他们参与进来。当他们在体验产品并提出意见后,企业可以根据自己的实际情况,对产品进行完善。

总之要充分尊重超级用户的意见,这样做的优点:一是让超级用户有领先的优越感;二是在分享时有更多可讲的内容。在企业和超级用户合作的过程中,超级用户对企业和产品都有了深刻了解,这样他们在推荐产品时就可以做到客观、专业,既强化了 IP 设定,也有利于帮助企业引入新用户。

二、"老带新"拼团拉新

给予优惠的价格，让超级用户邀请新用户参与拼团，享受低价购买商品的实惠。在团购过程中，超级用户作为"团长"，既享受到了利益，也体验到了荣誉。与社区团购合作是一种方法，企业利用小程序自己开展拼团也是可以的。

例如，某咖啡品牌原本是做代购连锁咖啡品牌生意的，后来自建品牌。该咖啡品牌曾经做过一个这样的拼团活动：让老用户发起拼团，两小时内如果有两名新用户参团视作拼团成功，就开始送货上门；如果拼团不成功，就全额退款。这一点和拼多多有点像，但是不同的是，该咖啡品牌实施的是阶梯式拼团价格，根据拼团人数设立1元、5元和10元，这样的优惠力度可以吸引老用户去尽力拉新。

三、给超级用户制定任务

可以用积分、集卡的形式，诱导超级用户完成某个任务，然后再给予奖励。

例如，支付宝的集五福活动，集齐卡，大家分奖金。支付宝的玩法可能并不适合大多数企业，但是企业可以参考这种玩法，制定自己的游戏规则，让超级用户带领新用户去"薅羊毛"。在设置奖励上，同样要遵循阶梯规则，闯关到×级，或者集齐×张卡，给予相应的奖励。如果要鼓励用户在做任务的同时每天进行分享，就可以额外设立奖励。

四、给予超级用户超级权益

通过会员制实现裂变，可以给超级用户设计超级权益。

例如，肯德基的"大神卡"——外卖配送免费（大多数情况下肯德基外送费为每次 8~9 元）+ 早餐六折 + 每日一次 10 元购买大杯咖啡的机会（非会员一杯为 15~20 元）+ 腾讯视频或喜马拉雅等平台的会员一个月。对于经常在肯德基消费的超级用户来说，"大神卡"非常诱人。事实上，通过"大神卡"的激励，肯德基的转化率达到 50% 以上。

因此，企业对于超级用户要舍得"投资"，给予超级用户绝对诱人的权益，这样他们大概率会把产品推荐给身边的朋友，这样裂变就在无声无息中实现了。

五、给超级用户安排好成长路径

在社区团购模式中，平台给自己的超级用户设立了阶梯化代理权益，吸引着超级用户不断成长，不断去挑战更难的裂变任务。社区团购则通过激励头部团长、淘汰末位团长的方式，逼着团长不断去拉新、去进步。

第三篇

私域化：直接触达用户

第九章

私域运营，实现流量转化

在《私域流量池》一书中，作者刘翌提出了这样一个观点："不论你来自企业的哪个部门，都应该认真学习私域流量的运营方法和技巧。因为未来20年，私域流量营销将成为企业性价比最高的营销推广方式，没有之一。"

什么是私域流量？私域流量的核心是真实的用户关系，它和平台拥有的公域流量是相对的，是企业或品牌可控的、可自由支配、可变现的流量。私域流量具有以下三个核心特征。

（1）用户是高频在线的，也就是"活"流量。

（2）用户是可实时触达的，企业可以通过触达将营销内容传递给用户。

（3）用户是可以便捷成交的，营销的终极目的就是成交，成交完成，才算完成了一个完整的营销闭环。

广告界有一句话："我知道我的广告费有一半被浪费掉了，可不知道浪费在哪里。"私域流量运营能从根本上破除"被浪费掉的另一半广告费"的魔咒。

第一节
案例观察：某日用品连锁品牌的逆袭奥秘

2020年10月15日，国内某日用品连锁品牌在纽约证券交易所上市，共发行3040万股ADS（美国存托股），发行价格为20美元/股。连同超额配售权发行股份，市值达69.92亿美元。

要知道，2020年受疫情冲击，线下门店受到了极大冲击，很多品牌陷入关店潮、倒闭潮，该品牌也无力对抗外部经济大趋势，它的线下门店在不到一年的时间里关掉了50%。可在这种形势下，2020年该品牌不仅成功上市，还创下300%的电商业务增长率，它是如何做到逆袭破局的呢？

据该品牌CMO兼电商负责人介绍：截至2021年5月，该品牌的会员达4200万人，其中3000多万人为活跃的消费会员，其私域用户数更是超过了600万人。众多用户通过该品牌的线下门店成为其私域用户，私域运营让用户回店消费量翻了2倍，离店后在小程序的消费量翻了近4倍，这成为其对抗线下亏损的关键力量。

该品牌的私域运营最早从 2017 年开始，一开始的运营手段很简单，在线下门店的付款环节，收银店员告知用户扫码关注公众号可以免费领取 1 元购物袋，或者可以领取口罩，或者可以领取线上优惠券。该品牌通过设置多样化的、满足用户需求的诱饵，刺激用户扫码关注公众号。

在线上，该品牌也做了最常见的引流裂变活动。只需邀请三位新用户助力，就可以获得半价优惠券，被邀请助力的好友成功助力后，也能获得大额优惠券，这些举措有效地缩短了新用户第一次下单时间，提高了老用户忠诚度。

不管是门店引流还是分享裂变，该品牌做的这些，很多企业也都做到了，其之所以能尽享私域流量的红利，**关键就在于对用户的留存和转化**，它落到了实处。

常见的微信私域触达用户的方式有四种，分别是朋友圈、一对一私聊、社群和视频号。该品牌通过调研发现，**用户最易接受的触达方式，首先是社群，其次是朋友圈**，一对一私聊虽然效率高但是只排在第三位，最后是视频号。基于这样的调查结果，该品牌将微信社群运营作为私域运营的主战场。

在微信社群运营中，该品牌用尽一切办法做到了精细化。

第一步，在 4000 多万私域会员中，该品牌按照生命周期、兴趣标签、品类偏好等，平均在每个用户身上设置 89 个标签，整个用户数据中有 35 亿个用户标签。

第二步，它利用聚类算法，深度挖掘高同质性的社群，搭建出了一个社群金字塔：从最下方的基础用户群到高价值用户同好群，再到顶层有优质内容生产的关键意见消费者社群。2020年，该品牌做了超1000个精准营销测试，沉淀了约128个自认有效的针对私域的精准营销策略，全年增量销额投资回报率为2061%。目前，该品牌拥有的社群数超过了3万个，它对社群的维护力度还在不断加大。

该品牌还通过微信公众号、社群、视频号等第三方链接，打通了从引流、留存到促进转化的全链路，真正将用户价值发挥到了极致，牢牢将用户绑定在品牌私域流量池中。

它的微信公众号别具一格，功能上承担了外部流量的承接、留存；内容则尽量降低"广告属性"，偏向用户互动和体验，还根据文章内容衍生出了多个深入用户内心的人物形象。

> （1）主打美妆、时尚的M小美则为爱美女性提供美妆、穿搭、护肤等全方位的变美攻略及商品"种草"。

> （2）M小宅则代表"二次元"吃货、不爱社交或有社交恐惧症的人群。这些人物形象基本覆盖了所有目标用户，让用户能从中看到自己的影子，代入感很强，品牌与粉丝间的黏性也有了保障，品牌借此建立起了有效私域壁垒。

另外，微信公众号每篇文章开头，都设置了视频号二维码，用户扫码即可进入视频号，同时视频号主页也与微信公众号关联，由视频号机制推荐过来的新用户，可以关注微信公众号，实现双向引流。

微信公众号拥有粉丝3000万人，会员4000多万人，小程序月活跃用户数超过600万人，这些成为该品牌逆袭突围的有效助力。

第二节
私域流量转化的三个关键点

从上述案例中，我们可以看到私域运营能帮助企业解决三个最棘手的难题。

➢（1）以极低成本进行品牌宣传。有统计数据显示：2018年以来，阿里和京东的获客成本都超过了300元/人，有些头部企业广告投放甚至占到营收的20%，各大平台的公域资源趋于饱和，而同质化企业间的拼杀却越来越激烈，哪怕是抖音这样的后起平台，一个视频火了，很快平台上就会有成千上万个同样题材的作品出现，这使流量越来越贵，获客成本越来越高。而企业的私域平台可以直接实现企业与用户的实时互动，用户能近距离地、无阻隔地、随时随地地感受到企业的服务，这有利于增强品牌影响力，形成口碑效应，提高品牌在用户心中的形象，而付出的成本却很低。

➢（2）维护好老用户，促进关联销售。社会心理学中有一个贝勃定律：当人经历强烈的刺激后，再施予的刺激对他（她）来说也就变得微不足道。应用贝勃定律，当用户一开始自主地购买了一些产品后，我们做一些关联产品的推销，用户会很容易接受推销，并认为销售员是在帮助他获得更完美的服务。企业通过私域平台对用户做精细化运营，双方建立起情感关系后，企业就可以借助促销活动、产品上新等时机向老用户进行关联销售，提高用户在生命周期内的交易频次。这也是为什么某日用品连锁品牌的私域用户回店消费量翻了 2 倍，离店后在小程序的消费量翻了近 4 倍的原因所在。

> （3）深耕老用户实现裂变拉新。心理学有个著名的重复定律：任何行为，只要不断重复就会得到不断的加强。在人的潜意识中，不断地重复一些人、事、物，最后都会变成事实。与用户的关系也是如此，一开始是买卖关系，当你重复联系多了，就会成为最熟悉的陌生人，进而可能成为朋友。私域运营可以让企业通过多渠道与用户构建联系，有足够的机会与用户成为朋友，接下来就可以通过营销活动让老用户成为企业的销售大使，帮助企业拉新。如果公域获取用户的成本是 300 元，带来的用户只要分享一下，产生裂变，成本就可能变成 50 元，通过用户推荐，可以有效降低获客成本。

企业的私域运营应该把握好以下三个关键点。

一、搭建流量枢纽，实现公转私

流量枢纽主要呈现为企业的微信公众号、视频号、头条号、百度号等自媒体平台的账号，它面对的是企业的普通粉丝，彼此间的信任关系比较浅，这些普通粉丝如何由公域平台进入企业的私域平台，并留存下来呢？这就需要企业能持续输出符合粉丝兴趣的优质内容，并想方设法与粉丝进行互动，进而推动双方关系由浅向深更亲近地转化。

二、创造流量聚点，实现用户激活

流量聚点主要表现为微信社群、QQ 社群等，虽然企业与粉丝之间不一定是好友关系，但可以是群友关系，大家围绕某一共同目标聚集在一起，并进行相互交流，彼此之间的信任程度比流量枢纽要高，相互之间的沟通也更频繁。

企业流量运营的关键是提高粉丝的活跃度和关注度，提升粉丝对品牌好感度和复购率，这就需要运营者通过群公告、群活动、群讨论、群直播等多种形式触达粉丝，加深彼此关系，加强转化效果。

三、完成流量转化，实现流量价值

流量转化的渠道有官方网站、独立 App、微信服务号、小程序、个人店铺、个人号等，进入转化渠道的粉丝大多是有类似契约型关系的铁杆粉丝或会员，如知识星球的会员、足球俱乐部的球迷等。企业与粉丝之间存在着某种情感联系或付费契约关系，这是一种非常牢靠的信任关系，这种关系是可持续、可长期经营的。

企业运营的关键是通过后台积淀的数据，带给粉丝更好的体验，如提供给粉丝更好的产品、更优质的服务、更低的价格、更便捷的沟通、更便利的购买渠道等，通过赋能粉丝，完成流量转化，最大化发挥流量的价值。

第三节
充分发挥微信生态的私域价值

提到私域流量，很多人会直接将它等同于微信社群，的确，微信生态在私域运营中有着特别的优势。

> （1）微信具有高度的自定义属性。**微信是现有的几个超级平台中，唯一一个愿意把平台的掌控权交给企业的平台。**微信整合了微信公众号、微信支付、小程序、腾讯广告、腾讯云、企业微信、视频号、社群、直播等工具，以及开放的第三方微信生态服务系统（如 SCRM 系统、裂变系统、拼团分销系统等），它给予了企业从客户生命周期设计、触点营销自动化到功能与模式等自定义的能力，赋予了企业足够的发挥空间。

> （2）微信具有突出的社交属性。微信的社交触点非常多，如微信公众号推文、模板消息、朋友圈、社群、视频号、直播、一对一私聊、广告等。它为企业提供了多种直接地、便捷地触达用户的可能，并且微信生态圈保证了从触达用户到完成支付整个营销过程的闭环，成本极低且操作非常便利。

现实中，很多企业老板看着进入社群的人数上涨，心情大好，感觉自己手握大量用户，销量完全不用愁了，可真正在群内发布购买链接后，订单寥寥无几，转化率非常低，这才意识到社群运营是失败的。有些社群是靠红包保持活跃度，有些社群的用户交流完全是放飞自我的常规聊天，没有任何价值转化，这样的社群运营浪费了时间和精力，根本没有发挥出私域流量的价值。

一个有价值的社群一般要满足以下三个标准。

> （1）运营者可以从中获利。
> （2）群成员可以从中获得有价值的知识或服务。
> （3）群成员能长久地留在群里。

社群运营是将私域流量的价值发挥到极致的有效途径，社群运营的核心是人的运营，其根本是要建立人与产品以及人与人之间的连接，企业要想玩转社群运营，可以从以下三个方面入手。

```
                              社群内的成交
                              与复购
                  社群促销活动
                  及造势
   建立用户画
   像，进行社
   群定位
```

一、建立用户画像，进行社群定位

企业首先应该判断用户属于哪一类人，可以根据他们的个人信息了解他们的年龄、性别、居住地、收入等基本特性；还可以根据他们的评论、留言等信息了解他们的特点，如购买需求、关注点等；

还可以通过调查问卷，了解他们的喜好，根据这些信息，企业有针对性地进行社群定位，做有针对性的内容和活动的触达，实现精准营销。

某品牌在做社群运营时，就总结出了五大维度超过 60 个社群标签的组合；如社群周期、社群等级、粉丝来源、粉丝占比、内容偏好等。

例如，该品牌给用户小 A 就打了标签（金卡用户，盲盒品类的忠实粉丝，处于复购周期，喜欢去××店，近一年消费超过 600 元，在过去 35 天没有来门店消费），根据这些标签，该品牌对用户小 A 做定向触达，从基础的短信到新品的宣传、优惠券的印传，再到社群更加丰富的全媒体内容推送等。

❥ 二、社群促销活动及造势

某品牌有个黄金 7 天法则，不管用户是从什么渠道进入私域社群的，都要在 7 天内对用户完成一系列的运营动作，以确保活跃度和转化率，如告知用户日常活动和干货内容、发放优惠福利等，让用户快速知道社群的利益点；或者通过进群仪式、赠送新人礼包等活动与群成员初步建立情感连接。如果没有这些动作，7 天后社群用户的活跃度就会出现断崖式下滑。

不同品类和行业在运营细节上会有较多差异，但企业都可以做一些类似的社群运营设置，具体如下。

> （1）在进群后的第一时间明确告知用户群规、群存在的意义，以及进群后可以享受的利益点等。

> （2）根据业务运营的需要，运营人员可以按照群主、客服、专家顾

问、达人等进行分工。

- （3）为确保群的活跃度，不要让群沉默超过12小时，可以结合资源、渠道、目标设计群活动，常见的有晒买家秀赢福利、抢红包得免单、会员日折扣等。能带动用户的活跃度和转化率，并强化用户身份认同感的活动就是好活动。

三、社群内的成交与复购

社群运营的根本目的是成交，购买转化率是核心考核指标。所谓购买转化率，是指用户自愿在微信中购买产品，企业可以从用户的好感度和体验感两方面入手。

一方面与潜在用户持续沟通建立好感度；另一方面针对用户的不同需求点进行不同消息的触达，引导用户下单，并进一步完成售后工作，在这一过程中，要着重提升用户的体验感，如要尽可能简化购买步骤、要及时解决用户疑惑等，这样用户才会产生复购行为。

第四节
不容忽视的抖音私域价值

微信社群是一个主要的私域运营渠道，但并不意味着微信社群就等同于私域运营，微博、小红书、抖音、知乎等社交平台都可以进行私域运营，但需要满足两个要求：第一，平台粉丝足够活跃；第二，平台能够实现价值转化，赋能经营。

从 2020 年开始，泸州老窖集中力量在抖音进行私域沉淀，它利用企业号矩阵进行品牌形象宣传、酒文化内容宣传，同时通过私域将酒品鉴与电商直播销售完成转化。新流量、新经营、新转化让泸州老窖在抖音寻找到了生意的新增量。

经过一年多的运营，泸州老窖抖音矩阵账号已经覆盖了 300 万粉丝，单月品牌自播最高商品交易总额达到 1000 万元，其中，直播粉丝的商品交易总额贡献占比达到 83%，群内粉丝复购率达到 70%。

抖音私域最初的雏形与入口，是通过企业商家在抖音做生意的一站式经营平台——抖音企业号，来帮助企业和品牌触达、沉淀、经营、转化粉丝。经过一年多的运营，抖音中的企业号已经突破 800 万个，泸州老窖等数不清的企业受益其中，抖音的私域价值已经成为不容忽视的存在。

抖音私域有什么独特魅力呢？

在抖音企业号产品发布会上，巨量引擎企业经营业务负责人指出了抖音私域的三大特点：强获客、正循环和高转化。

一、强获客

抖音的庞大用户量意味着天然的巨大流量，并且其丰富且开放的内容生态，还让这个流量池在不断扩大。而抖音在此基础上，通过信息流等工具强化企业和品牌的引流能力，因此，相比传统私域的玩法，抖音私域拥有更强的获客能力。

二、正循环

抖音私域形成了三个正循环：一是公域与私域，公域沉淀私域，私域反哺公域，相互拉动；二是流量与生意，流量产生生意，生意裂变流量，相互转化；三是用户与品牌，用户消费品牌使品牌获得收益，品牌通过商品满足用户的需求，用户与品牌相互成就。

公域与私域

流量与生意

用户与品牌

三、高转化

抖音私域多元的用户沟通渠道，使触达这件事简单而自由。抖音给企业各种私域运营的"武器"——触达和沟通工具（智慧经营系统，订阅、粉丝群、私信等沟通工具）。这些工具让企业可以在抖音上轻松渗入每一个粉丝和品牌之间可能互动的场景，释放每一个可能的交易转化机会。因此，抖音的私域是转化效率更高的私域。

《2021抖音私域经营白皮书》显示：2020年，抖音商业内容日均观看量超200亿次，每周企业号用户接收私信数量为1.5亿条。抖音私域的价值日益凸显，还没有加入的企业有必要思考一下如何完成抖音私域的布局。

第五节
自建私域的实施策略

私域运营带来的利益让人羡慕，可它背后的运营成本也是不容忽视的。

腾讯营销洞察联合波士顿咨询展开全面研究，发布了《2021中国私域营销白皮书》（下文简称《白皮书》），《白皮书》明确指出了私域运营一般要经过引流加粉、内容撰写、社群运营、客服售后、活动策划、产品销售、数据分析、设计配图和直播转化九大环节，要做到这些，优秀的运营团队是必不可少的。

在岗位上，可以分为内容、策划、客服数据运营等，它牵涉到企业内部权力的重新分配和组织绩效考核的重构，还可能需要调整线上线下产品的价格等。总之，传统企业进行私域运营既是一项系统工程，也是一项需要自上而下推动的"CEO工程"。

了解到这里后，很多企业的老板会产生打退堂鼓的想法，那么到底什么样的企业适合私域运营呢？哪些企业应该理智放弃私域运营呢？

《国信证券：2020私域流量深度研究》报告中就是否要做私域运营总结了七大要素。

私域运营
- 试错成本
- 品牌力
- 忠诚度
- 购买周期
- 受众精准度
- 产品差异化
- 客单价

> （1）试错成本。信任要求越高，越适合私域流量投放；信任要求越低，越适合公域流量投放。

> （2）品牌力。品牌力越强的（因为公开投放的资源非常丰富，效果也是正向的），更适合公域投放；品牌力越弱的，私域运营的性价比更高。

> （3）忠诚度。如果企业推出的是试错成本高的产品，用户就不会轻易更换品牌，忠诚度就越高，忠诚度越高，代表企业的后续用户维护成本越低，对这些用户布局私域运营，性价比就更高；忠诚度越低，代表企业的后续用户维护成本越高，公开投放效果更直接。

> （4）购买周期。如果企业推出的是购买周期（复购周期）长的产品，用户很容易在这个过程中流失，企业的维护成本高、维护难度也高；相对应地，如果企业推出的是购买周期短的产品，用户维护的难度就要低很多。

> （5）受众精准度。企业产品的受众精准度（用户画像）越高，企业的

> (6) 产品差异化。产品差异化程度越高，越容易吸收独特的受众，产生更强的忠诚度，更适合私域运营；产品差异化程度越低，越适合公开投放。

> (7) 客单价。客单价越高，代表在相同的投资回报率下，私域流量可投入资源可以更多，更适合私域运营；客单价越低，私域运营性价比越低。

上面的七大要素具有普遍性，不过，"**战略上要坚定，战术上要灵活**"这一策略永不过时，企业一旦决定要进行私域运营，就需要根据自身情况灵活把握运营策略。

一般来说，如果你的产品具有高频上新和高复购率属性，那么你就必须把私域放在战略级的部署中。**私域流量更多使用偏向于对C端用户的服务**，B端用户对私域流量相对来说并不敏感。**我们在部署私域运营时，首先要考虑产品客户群属性**。

一家盖浇饭餐饮店，外人看起来做私域运营好似没什么价值，可这家店的老板却通过到店和软件给出的"附近的人"添加了附近500米的顾客的微信，并为他们提供免费的配送服务。

对于顾客来说，店家直接配送规避了高峰期外卖平台的骑手送餐不及时的问题，一条微信，很快就有热腾腾的饭菜到嘴，要支付的价格或许比外卖平台还要便宜。而对于餐饮店来说，它的产品品类很普通，在外卖平台不具有竞争优势，通过微信私域的做法成功地规避了与众多门店的竞争。

vivo的做法也很值得借鉴，它直接用微信个人号替代了企业客服中心，承载售后市场，两三个人管 30 多个微信号，每个微信号都有 5000 名用户，这两三个人基本上就能维护一个地区的整个售后。以前售后主要是以电话的形式进行的，用户对某个操作不了解，用语言沟通起来很费劲，有了微信，一个视频、一张图片，用户的问题很容易就得到了解决。

最重要的是，这些客服可以定期在朋友圈发布一些新品信息，上面备注商城链接，用户可以直接购买，售后还承担起了跟进销售的作用。企业进行私域运营时，像 vivo 这样，如果能跟现有的业务体系融合在一起，不仅成本能得到有效控制，还能提升现有的服务水平，可谓是两全其美。

对于那些高消费频次、高客单价的企业，如母婴、理财、高端美妆等行业，其用户重视服务体验、专业分享、口碑、周期性的互动和召回会员制的管理，针对这些特点，企业就有必要加大社群运营，与用户之间建立信任连接。

某母婴品牌的私域体系中，每一位品牌导购的服务都有等级，服务能力越强，等级越高，这些品牌的导购在育儿体系中被赋予了"育儿师"的职能，这些育儿师生产的"种草"内容也会更受欢迎，最后反哺品牌，让用户与品牌之间建立强有力的信任连接。

对于低消费频次、高客单价的企业，如中高端白酒、豪车、家居装修等，这些企业就需要配置一支专门的团队去创作各种销售话术，如朋友圈文案、销售话术、专业的质量保证解答等，来塑造一个专业人士。通过专业的内容给用户推荐，通过兴趣图像加强场景化需求的一些转化，让用户感知到你的服务很专业，从而建立信任连接，促使用户产生消费。

第十章

价值痛点,实现持久养流

美国营销大师菲利普·科特勒说:"要想赢得市场领导地位,就必须能设想出新的产品、服务、生活方式以及提高生活水平的各种方法。提供人人皆有的产品的公司与创造出人们从未想象过的新产品和服务价值的公司有着天壤之别。归根到底,**最棒的营销是创造价值。**"

要想做好私域流量的运营,企业需要更有针对性地去经营用户,更好地管理用户关系,在这个过程中"价值"是最好的维系关系的纽带,不断为用户创造价值,才能紧密地将粉丝黏在企业的私域流量池中,有效提升粉丝留存率和活跃度,实现"流量"到"留量"的转换,持续为企业创造利润。

第一节
案例观察：瑞幸咖啡的翻身之战

2020年4月2日，因涉嫌财务造假，瑞幸咖啡在美股开盘后触发了6次熔断，收盘时跌幅达75.57%，最高跌幅超过80%。瑞幸咖啡陷入了信用危机，面临巨额索赔。同一时间，受疫情影响，瑞幸咖啡面临着经营亏损、部分门店难以为继、停业调整的局面，业内对瑞幸咖啡一片唱衰。可偏偏这时瑞幸咖啡来了个翻身逆袭。

2021年10月21日，瑞幸咖啡公布了截至2021年6月30日的6个月未经审计的财务报告。数据显示，期内总收入为31.825亿元，较2020年同期的15.445亿元，同比大增106%。

具体到经营层面，瑞幸咖啡2021年上半年产品销售收入为27.413亿元，较2020年同期的14.482亿元增长了89.3%；自营门店运营利润为4.173亿元，门店运营利润率为16.3%，而2020年同期自营门店运营亏损为5.314亿元，门店运营亏损率为39.2%；联营门店收入为4.412亿元，较2020年同期增长357.8%。瑞幸咖啡用实实在在的数据告诉世人：自己已经"否极泰来"。

在瑞幸咖啡公布的财务数据中，有一个数据很耐人寻味：瑞幸咖啡营业收入同比增长106.5%，但营业费用只增长了12.9%，一边是耀眼的收入增长，一边是极低的费用增长，瑞幸咖啡是如何做到的呢？

瑞幸咖啡透露的数据显示，截至2020年7月，也就是布局私域半年后，瑞幸咖啡的250万私域用户，每天贡献直接单量4万杯，间接促单12万杯；而且用户消费频次、消费金额都有明显提升，私域订单因此成为仅次于App和小程序的第三大订单来源渠道。

流量进入私域流量池后，接下来就是如何"养"流，也就是不断提升用户的信任感和忠诚度、提升用户转化率，这成了企业迫切需要解决的难题。瑞幸咖啡的精细化私域运营给我们提供了一些参考。

一、研发新品，提升产品价值

瑞幸咖啡能够持久地留住消费者，与它不断更新、品质过硬的新品有直接关系。

在新品方面，瑞幸咖啡的厚乳拿铁、生椰拿铁、丝绒拿铁等爆品频出，以生椰拿铁为例，自推出后，它就在市场上引发了广泛讨论，不少咖啡乃至奶茶品牌都相继跟进，而瑞幸咖啡的生椰系列单月购买量一度达到了1000万杯。爆品的出现，使瑞幸咖啡实现了量价齐升，营销力度收缩、促销优惠减少，整体价格从10元上升到15~20元，且销量同时也在上升。

二、丰富产品品类，满足多样化消费需求

瑞幸咖啡的消费群体主要是办公室白领，这部分人的消费能力

是有保障的，消费需求也是多样化的。针对这些特征，瑞幸咖啡的小程序中除了有咖啡，还有多种针对白领群体上架的商品，如按摩仪、咖啡机、瑞幸咖啡的周边商品等，瑞幸咖啡**将用户群体研究到了极致**，也最大化赢得了用户的货币。

三、优惠推动，直击消费痛点

对于咖啡这类产品，消费者决策周期短，"离得近""恰好有优惠券"就可以即刻推动消费者进行决策。因此，相比于精美的内容设计与铺垫引导，瑞幸咖啡将"转化"当成了社群运营的互动重点。

瑞幸咖啡的企业微信公众号统一命名为"首席福利官 lucky"。与市场中常见案例的个性 IP 不同，lucky 的人物个性并不显著，**其发布的内容有强烈的转化指向性**，朋友圈内容多以福利优惠活动为主。对于瑞幸咖啡来说，比起吸引眼球的人格设定，以"便利性""实用性"为主要定位的客服 IP 角色更能为产品的转化做好推动。

瑞幸咖啡的社群运营节奏也紧贴着职场人群上班、午饭、下午茶、下班的时间场景，依据不同时间场景可能形成的需求进行优惠推动，培养用户的消费习惯。

社群的主要功能就是发福利，每天会有 4 次活动：上午上班高峰期 8:30 左右，以提醒为主，会发一些海报，用户看到后可以自己去下单；**中午 12 点，会在群里发秒杀券**，一个群里会发布 10 张 15 元的立减券，核销率达到 40%；下午茶时间，会推坚果类、果汁类的系列活动；晚上会推电商活动，如挂耳咖啡、办公用品等。

瑞幸咖啡视频号的直播也是这种实用风格，直播时间在周一至周五的 9:30 至 17:30 左右，正好覆盖职场人群的平均工作时间，直播页面信息也多为简单直接的福利领取方式，如"每日直播领券（扫码即可领取 5 折券）"。

每天上班的空闲时间，用户可以打开社群或进入直播间，抢一张优惠券，然后进入小程序下单一款咖啡，之后，静等咖啡到手，在袅袅香味中，沉静心情，唤醒体内活力。当这一系列动作成为几百万私域用户的标准动作后，瑞幸咖啡自然就有了翻身逆袭的本钱。私域运营加固了瑞幸咖啡的用户基础和品牌影响力，其沉淀下来的流量也因为强大的转化力成为真正的价值资产。

第二节
全产业链调整，提升用户体验

私域运营是企业长期有效管理用户全生命周期的最佳路径之一，不过，如果企业私域运营中，只重视"收割"，完全忽略"耕种"，只聚焦存量用户的复购，完全忽视用户的体验，这样的私域经营模式是很难持续的，当用户出现疲态之时，他们就会退出私域流量池，甚至取消对该品牌的关注。

企业要想做好私域流量，还需要扎扎实实地做好内功。

❥ 一、把私域运营作为战略级目标

在实际工作中，很多企业喜欢研究成功的案例，如瑞幸咖啡等，然后进行模仿，可明面上的做法和运营流程都模仿到了，却很难取

得理想的效果，为什么呢？

我们来看看在普通人看不到的地方，瑞幸咖啡都做了什么。在原材料供应商的选择上，瑞幸咖啡以行业最好的标准要求合作伙伴。

在生产端，瑞幸咖啡的每台咖啡机都有感应器，来保证咖啡品质的稳定。

在供应链上，供应商、用户、中央仓库上下打通，系统自动根据销售的预测向上端供应商和中央仓库发送订单，完成无缝的供应链。

在物流端，瑞幸咖啡选择了更专业的顺丰快递作为自己的合作伙伴，在最后的快递环节做到品质与高效。通过消费端、生产端、物流端和供应链的全面打通，瑞幸咖啡这才有了私域运营的底气。

有些企业只模仿片面的玩法，却没有战略上的运筹，是无法真正掌握私域运营的精髓的。

私域是绝对的 CEO 工程，需要上升到企业的战略高度进行布局，日常的工作可以让部门负责人或运营负责，但这项工作一定要让老板牵头，从上而下给予足够的重视，组织架构体系要根据需要调整，还要调动公司核心业务部门共同参与。

▶ 二、将用户体验作为企业经营的总原则

小米创立四年后，就发展成为国内知名的手机品牌。小米"野蛮疯长"的原因，外界有种种猜测，雷军却强调："小米卖的是参与感。"这才是小米成功背后的真正秘密。

小米内部决策有一则高于一切的金科玉律"用户扭力市场"，这个词语由"现实扭曲力场"转变而来。所谓"现实扭曲力场"，

最早是用来形容苹果创始人乔布斯的强大气场的。"用户扭力市场"强调的是用户的力量，小米将用户引入产品开发、营销的各个环节，让他们有深度参与感，如此，小米粉丝就通过追求极致的强大精神力量亲手打造小米帝国。

MIUI 最初的研发就是在互联网上进行的，小米敞开门请用户一起参与研发。当时小米每周更新四五十个甚至上百个功能，其中有三分之一是由"米粉"提供的。"因为停电被困在黑暗的电梯里，在手机上却找不到手电筒图标。雷总，能不能添加容易找到的手电筒功能呢？"这是在小米社交工具"米聊"中，一位用户向雷军提出的建议。

很快，MIUI 新版本中就添加了手电筒功能，长按最常用的 Home 键，小米手机用户就能打开手机的手电筒。小米积极采纳用户的建议，真正做到了关注用户体验和用户使用习惯。

时刻倾听用户的意见，听起来简单，做起来却很难，为了保证每周更新，必须保证 2 天完成规划，2 天写代码，2 天做测试，可雷军硬是坚持了下来，他希望将 MIUI 做成一个"活的系统"，用户的需求都可以随时添加进来。

随着越来越多的企业开始经营私域社群，用户不可能只是某一个品牌的私域流量，而是会被拉进更多品牌的私域流量池，他们每天要面对过量的商业信息的狂轰滥炸，单调的促销玩法带来的效果会越来越差。对顾客的理解是营销最根本的目标，企业从产品和市场两个角度诠释对于用户的理解，以用户体验为核心反复触达和转化私域流量，这样的私域运营才会真正发挥出流量的价值。

第三节
进行用户分层，真心接近用户

在《追求卓越》一书中，美国学者托马斯·彼得斯和罗伯特·沃特曼指出："我们可以从优秀公司的表现中惊喜地发现，用户对企业的每个方面都具有举足轻重的影响，如销售、生产制造、研究发展、财务会计等。我们对用户的作用进行了研究，其结果可以简单地归纳为：优秀公司都是真心接近其用户的！其实就是这么简单，其他公司夸夸其谈，而优秀公司则身体力行。"

"真心接近用户"是私域运营的基本原则，只有如此，才能精准地把握用户心理，深入挖掘用户的内在需求与喜好，引发用户共鸣，才能最大限度地引导用户参与到企业活动中，成功地向用户进行营销。

很多企业在进行私域运营之初会一味地追求用户数量和广度，期望能够最大范围地将用户聚集到自己的私域流量池中，可等真正深入运营时，它们就会发现，那些吸引过来的、不够精准的用户，不仅不会产生正向作用，还会增加营销成本。因此，对于企业来说，私域运营的第一步就是对自己的用户进行清晰的、细分的画像，根据用户标签实现流量分层。

细心的人会留意到，瑞幸咖啡没有收银台，所有交易都是在App上完成的。凭借这一小小的改变，瑞幸咖啡从用户消费第一杯咖啡开始，就建立起与消费者的直接连接，系统就开始收集用户的消费习惯。而如果消费者扫码支付或现金支付，购买完成后，品牌便与消费者失去了联系，很难获取清晰的消费者画像，两相比较，显然第一种形式能更加贴近用户。

曾看过这样一个小故事：小白兔学着小猫的样子在河边钓鱼。第一天，一无所获；第二天，还是如此；第三天，它刚在河边坐定，一条大鱼就从河里跳出来，喊道："求求你了，不要再用胡萝卜当鱼饵了！"**小白兔自认为最好的，却不是鱼真正想要的**，小白兔活在自己的世界里一味付出，却不知道这些付出根本没有价值。

瑞幸咖啡私域运营的一个主要手段就是发优惠券，这对于那些对价格敏感、对产品有刚性需求和强烈的复购欲望的用户来说，是非常奏效的。

但是对于那些对价格不敏感、消费需求不够旺盛的用户来说，优惠券不仅无法促进销售，还会影响用户对品牌的认知。用户分层的最大优点就在于，它能帮助企业避免犯小白兔用胡萝卜钓鱼的错误，将有相同需求、相同偏好、相同购买原因的用户聚集在一起，为他们提供有针对性的、多样化的、有价值的内容和服务，提升他们的黏性。

另外，根据二八理论，20%的用户能带来80%的收益。对于企业来说，自身的资源是有限的，应该将有限的资源投入那些能够产生最大价值的用户群体上，进行用户分层后，企业就可以明确哪些用户需要重点维护，哪些用户需要一般维护，哪些用户需要果断舍弃，如此，就能提升运营的效率和精准性。

用户分层是私域运营的一种重要手段，那么，**我们应该如何做好用户分层呢？**

一、根据用户标签进行分层

基础的用户标签有以下三种。

- （1）**静态标签**。即用户的基本信息，如地区、年龄、身高、体重、职业、生日等。
- （2）**消费标签**。即与用户消费相关的信息，如消费能力、消费频次、消费偏好、价格敏感程度等。
- （3）**行为标签**。即用户与平台产生的各种互动，如是否关注公众号、是否参与裂变活动、是否领取优惠券、是否提交订单等。

这些标签对用户的某个维度特征做了描述与刻画，企业可以根据自身业务的需要，设定维度，对用户进行分层。值得强调的是，适用于某一业务的分层方式并不一定适用于另一业务，具体的问题需要结合实际情况去具体分析。

二、根据业务的关键节点分层

很多英语培训机构对用户会进行这样的分层：试听课用户、体验课用户、正课用户和复购用户。

有些微商则会对用户进行这样的分层：陌生用户（没产生过任何互动）、潜在用户（聊过几句，朋友圈点过赞，需求不明确）、意向用户（介绍过产品，报过价，用户需求明确）、下单用户和VIP用户。英语培训机构和微商是基于用户在业务中的关键节点路径进行分层的，这种方式一般适用于一对一的销售模式。

三、根据运营目标进行分层

企业运营一个社群，如果目标是保证社群活跃，就可以依据用户活跃度的高低进行分层；如果目标是为了卖货，就可以依据用户的购买金额、购买次数进行分层。运营目标不同，对用户的价值衡量标准也就不一样，可以有针对性地进行合理分层。

值得注意的是，用户分层是动态变化的，给用户打标签的工作应该贯穿用户与企业产生交集的整个旅程中，并要持续且实时地根据进一步了解到的用户信息对用户分层进行调整。

第四节
针对用户痛点，精细化运营动作

营销大师菲利普·科特勒说："客户买的不是钻，是墙上的洞。星巴克卖的不是咖啡，卖的是休闲。法拉利卖的不是跑车，卖的是一种近似疯狂的驾驶快感和高贵。劳力士卖的不是表，卖的是奢侈的感觉和自信。谷歌真正的商品不是广告而是优秀的人，通过将人出售给广告主获利。**苹果卖的不是产品，而是文化和用户体验。"**

私域运营时，做好用户分层是第一步，接下来如何针对用户痛点进行运营才是关键。根据用户的价值需求，私域运营可以分为以下几种形式。

▶ 一、知识专家型运营

罗伯特是美国一家医院的理疗师，他发现，自己在给患者提出日常锻炼的建议后，患者总是不听、更加不会照做。后来，他想了一个办法，使患者服从锻炼指令的比率增加了64%，什么办法这么神奇呢？**办法很简单：他把自己从事理疗师多年来获得的奖状、文凭与证书等都翻了出来，满满当当地挂满了诊疗室的一面墙。**

患者可能不会听取一个搞不清楚来历的年轻小伙的建议，可他们却愿意听取一个资历满满的专家的建议，这些纸质的证书为罗伯特塑造了令人信服的形象。

在私域运营中，针对那些注重产品信息、口碑，以及与品牌互动的用户，我们可以将自己的专业性展示出来。为消费者提供丰富的"干货"和有针对性的服务，就能实现口碑传播和深度"种草"，就能更好地转化私域资产。

> 养猫过程中，不少人会因为猫咪软便而烦恼，那么是什么原因导致的呢？造成猫咪软便一般有4个原因：①猫粮原料差，造成消化差；②突然从低蛋白猫粮转换成高蛋白猫粮；③猫粮中含有过敏性谷

物原料；④猫粮里的油脂过高。只有避免以上几种情况的出现，猫咪才不会软便，下面推荐 5 款国产软便克星猫粮，排名不分先后。

这是某社交平台上，"原本猫粮"品牌号做的推文，它针对用户切实关注的问题，通过推文、一对一咨询等形式提供专业服务，而它的品牌介绍语更为直接："我有 40 多名宠物医生做咨询顾问，为'原本猫粮'保驾护航。"

"原本猫粮"许诺：进入它的私域的用户能享受到 24 小时的、随时触达的在线咨询服务，这些咨询顾问分为医师专家团、行为训练组和营养学专业组，他们大都是来自线下知名宠物连锁医院的管理人员和临床医生，有着丰富的宠物医疗专业知识和临床经验。

同样是购买猫粮，一个商家银货两讫后就江湖再见了，另一个商家会贴心地帮你解答宠物饲养中的种种疑问，你会选择在哪家进行购买？答案不言而喻。

二、兴趣同好型运营

淘宝上卖衣服的店铺有千万家，为什么有人愿意花高价钱买某品牌的衣服呢？听听该品牌的粉丝怎么说："有很多时候，我并不是因为没衣服穿，才在店铺里闲逛，而是被店铺里模特精致的生活照所吸引住了；在某个瞬间，我觉得自己只要穿上了某件衣服，也能像模特一样美丽、优雅。"

心理学中有一个熟悉定律，人们会对自己熟悉的事物产生偏好，也就是说，人们会比较容易对跟自己认识的人、长得像的人、性格像的人、有相同兴趣爱好的人产生亲近感。私域运营者应该有这样的认知：**用户不是一串串数字，或是 KPI 上的一个个指标，而是一个个活生生的、有喜怒哀乐的人。**

但凡是人就有自己的兴趣和偏好。彼此陌生时，如果运营者找不到对方感兴趣的话题，交流起来就会非常困难；相反，如果运营者能找到与潜在用户相同的兴趣点，以此为切入点就能消除彼此的陌生感，快速拉近距离，让对方喜欢你、信任你，进而购买你的产品。

法国社会心理学家古斯塔夫·勒庞在《乌合之众：大众心理研究》一书中写道："**各种观念、感情、情绪和信念，对于群众来说，都具有病菌一样强大的传染力。**"

新时代的消费群体，尤其是"90 后""00 后"，他们很多时候并不是为物质需求买单，而是为自己的情绪买单，包括他们在网上看直播、刷视频，都是在释放自己的情绪，寻找自己的族群。与他**们产生关联，就是要摸准他们的情绪需求**，成为他们的"自己人"，通过精准运营，实现高投资回报率。

❯ 三、购物助手型运营

有不少主播会在直播间公开与商家谈价："你不给我这个价格我就不卖了，我必须让我的用户买到划算的、性价比高的东西。"

以自身的影响力去跟商家谈团购价，这样的模式非常常见，对于商家和用户来说都是利好的。一方面，商家可以以有限的营销成本实现最大化的销售；另一方面，用户可以以低价得到有品质保证的产品。位于中间的主播是最大的赢家，有了用户的支持，他在粉丝中的影响力会更大；有了商家的认可，他能调动的资源会更多！

某头部主播就格外重视"全网最低价"。 在 2019 年 4 月 24 日晚的直播中，"百醇礼盒"的购买链接才挂上没几分钟，他就让刚下单的粉丝统统去退货："买了刚刚那个礼盒的粉丝们立刻全部去退货，是我的粉丝就听我的没错。"究其原因是，有粉丝指出他这里不是"全网最低价"。

物美价廉是用户对商品亘古不变的追求，也是用户寻求自身利益的关键所在。在私域运营中，抓住用户追求利益的心理，利用推销的产品或服务能给用户带来的利益、实惠，引起用户的注意和兴趣，是一种最有效、最省力的留住用户的方法。

购物助手型运营应简单直接，以促销驱动，重点是帮用户省钱，当运营者指明产品利益时，一类用户会留下来，而另一类用户则会掉头走开，通常留下的用户都是购买意向非常强烈的潜在用户，用这种方法筛选用户的准确度很高。这类运营应格外强化促销信息与购买的便捷性，严格贯彻商业交易中互惠互利的基本原则，如此就能最大化粉丝价值。

值得一提的是，私域运营中最忌讳的就是"杀熟"运营方案，信任是一切的根本，而"杀熟"最容易丢掉用户的信任，造成高价值用户的流失。实际上，我们不应该"杀熟"，而应该"宠熟"，竭尽所能地为高价值用户提供更好的产品、更高的优惠，让他们享受到真正的VIP待遇。

360公司董事长周鸿祎说："今天是一个体验为王的时代，一点儿也不过分。好的用户体验，一定得具备三点：①好的用户体验要超出用户预期，能够给用户带来惊喜；②好的用户体验要能够让用户有所感知；③好的用户体验要从细节开始，并贯穿每一个细节。"企业根据用户痛点，精细化运营动作，提供给他们超出用户预期的体验，私域运营才能有活力和源泉。

第十一章

品牌 IP 化，实现精准引流

什么是IP呢？

《超级IP》的作者吴声认为，IP就是魅力人格体；著名营销专家刘春雄认为所谓的IP，就是自主传播能量、自主传播势能。IP是 Intellectual Property 的缩写，即知识产权，它可以承载图片、文字、音视频等多种文化创意形态，最终折射的是人们在文化与情感上的共鸣。研究私域流量的学者们一致认为IP本身就是私域流量池，因为它自带流量。

在与企业微信沟通时，一个客服就像机器人一样，给出的都是范式回答；另一个客服就像是许久不见的朋友，对你知根知底、嘘寒问暖，你会保留哪个呢？显然是后者。品牌IP具有高辨识度、互动性和娱乐性等多种特性，同时作为一个凸显品牌个性和社会价值的符号，可以让品牌具备持续的传播力，精准触达消费群体。

为了最大化地发挥IP的流量价值，企业在发展过程中都有必要以打造IP的思维和方法来开展品牌重塑，也就是将品牌IP化。品牌IP化的直接效果就是让企业与用户的关系由"人与产品"转变为"人与人"，与用户建立信任和沟通，让用户真实感知到"温度"。

在线上、线下流量都非常稀缺的背景下，品牌占据了一个IP就相当于占据了一个永久的消费入口，它可以持续地为品牌提供流量。

第一节
案例观察：三只松鼠的 IP 打造之路

三只松鼠于 2012 年 6 月在天猫上线，65 天后成为中国网络坚果销售量第一的品牌；2012 年"双十一"创造了日销售 766 万元的奇迹，位列中国电商食品类销售榜第一名；2012—2018 年，三只松鼠"双十一"六连冠；2019 年，三只松鼠全年销售额突破百亿元，成为零食行业首家迈过百亿门槛的企业。在电商越来越不好做的感叹声中，三只松鼠的发展速度让人惊叹。

2019 年 7 月 12 日，三只松鼠在深圳交易所创业板挂牌上市，三只松鼠创始人"松鼠老爹"的身价随股价上涨，也攀升至 36 亿元，有望成为安徽省新首富。

三只松鼠上市当天，有一个有意思的细节，在挂牌敲钟环节，敲钟人不是创始人，也不是其他合伙人或高管，而是三只松鼠的人偶。三只松鼠将这一意义非凡的仪式交给了它的品牌 IP 形象，开创了 A 股无"人"敲钟的先河，也突出了三只松鼠 IP 形象的价值。

三只松鼠能一跃成为零食界的第一品牌，这三个萌萌的IP形象对企业有着很大的推动作用。

在品牌角色上，策划团队通过拟人化的手法打造了三只性格迥异的萌态松鼠，赋予它们不同的特征和名字，分别叫小贱、小酷和小美。

松鼠小贱爱卖萌，代表坚果类产品；松鼠小酷是技术宅，代表干果类产品；松鼠小美则代表花茶类产品。独特的名字加上可爱的卡通形象，极易让人记住，也为品牌营销省掉了不少的宣传费用，就这样三只萌态十足的松鼠就成了三只松鼠这一零食品牌的代言人。

自此之后，线上店铺的网页建设，线下的包装、赠品、快递盒、销售服务、门店装潢等，任何品牌形象可以出现的地方，都出现了这三只萌态十足的松鼠的身影，品牌符号不断强化。

"第一次买时完全是因为冲动下单，事实上淘宝上有很多卖家坚果卖得比三只松鼠便宜，那些卖家的开店时间和信誉也很好，我之前也有固定买坚果的店，但是当我看到广告位上三只松鼠的包装时，瞬间被吸引了。"这是一条三只松鼠的用户点评，萌萌的包装形象在价格、信誉、购买习惯等的围堵中冲了出来，成为消费者购买的理由。

除此之外，三只松鼠还将"萌态"贯彻到了与客户的每一次接触中，"主人，松鼠家的夏果都赠送您开果器呢"这样的客服是不是很有记忆点呢？在淘宝上，它首创了"主人"这种听起来有点儿"肉麻"的称谓，公司就是松鼠的家，在线客服都有自己同样萌萌哒的别名。这种在线沟通方式让"80后""90后"这一网购主力人群倍感亲近。

从2014年开始，三只松鼠开始了品牌IP化的延展，它的经营中心从食品行业开始向动漫、游戏、主题商业等多元化方向纵深发展。

2014年，三只松鼠成立松鼠萌工厂动漫文化有限公司，之后以一年一部动漫的频率，推出人气动漫作品，包括《奋斗吧！松鼠小贱》《萌主的考验》等；从2017年开始，三只松鼠开始着力规划主题乐园；2020年11月21日，三只松鼠在安徽省芜湖市正式开启的松鼠小镇集娱乐设施、线下零售店、餐馆等诸多产业于一体，能满足消费者"玩""乐""吃""购""嗨"等多种需求。

三只松鼠品牌IP化的路线带给我们以下三点启示。

❯ 一、品牌IP化可以降低传播成本，提高传播效率

2018年，三只松鼠推出同名3D动画，同年网络点击量破3亿次，3亿次点击量意味着什么？意味着三只松鼠这一轮的品牌传播触达了3亿消费者，同时它还能赚得一笔不小的平台流量收入，而它的成本投入只有一部动画片的制作成本。也就是说，它的传播不仅是低成本，甚至可能到了负成本。**成本小于收益，而传播的效果却非常突出。**

品牌IP化能让品牌本身成为超级内容源，供用户、传播、分享、扩散，形成不可阻挡的传播势能，得到最大化的扩散可能。

❯ 二、品牌IP化可以强化连接的黏性，实现企业和用户的精神共鸣

购买了三只松鼠坚果的用户，会不会购买它的面包、鸡腿、牛肉干、辣条呢？答案是肯定的。品牌IP化有利于构建品牌与用户之

间的高黏性，它能引发品牌与用户的持续关注和互动，为用户提供精神依附与共鸣，促使用户从单次购买发展为铁粉，甚至成为终身用户。

三、品牌IP化可以推动企业以产品为基础向周边的系列衍生品不断演化

不管是动画片还是主题乐园，三只松鼠品牌的IP价值得到了证明。一方面，不管未来跨界到任何行业，做任何品类，凭借着这一IP，三只松鼠都极易成功；另一方面，在长尾效应下，IP在不断延展中，不断得到赋能，IP与消费者的关系在不断拉近、持续捆绑。

第二节
确定IP形象，让人立刻记住你

波司登总监朱爱国曾说过这样一句话："私域不是用来收割流量的，私域更多的是传递你的产品、你的品牌理念到消费者，然后提供相应服务。消费者满意了，他才会对品牌有好感。然后顺带做一点儿生意。"

他的这句话道出了私域的运营策略，很有指导意义。不过，他只说了前半段，却没说出后半段：企业怎样才能将自己的品牌理念传达给消费者呢？这并不是一件容易的事情。

美国某公司的研究组做过一次2000多人的大样本实验，通过对

实验者脑波的测定发现，人的注意力仅能持续 8 秒。也就是说，在海量信息的轰炸中，那些在 8 秒内脱颖而出的企业和品牌才有可能占领人们的头脑。因此，确定一个清晰、明确、吸引人眼球的品牌形象就显得格外重要。

在私域运营中，把抽象的品牌和企业，具象化为鲜明的形象，这是品牌 IP 化的第一步。品牌 IP 化是商业变现力和人格魅力的一种载体，可以是真实的人物，如雷军、俞敏洪等；也可以是虚拟形象，如海尔兄弟等。他们都有"人"鲜活的性格特点，有生活，有故事，有情感。

品牌 IP 化并不是一个新鲜事物，这种方法在一百多年前就曾被使用过，它的价值也早就得到了验证，米其林轮胎人就是一个典型的案例。1894 年，在里昂举办的万国博览会上，米其林创始人爱德华突然发现一堆不同直径的轮胎散乱堆积在展台入口处，形状与人体的外观十分相近，加上手臂和腿，完全可以是一个人的形象。

于是，他请人按照那堆轮胎的样子创造出了一个由许多轮胎组成的特别"人物"——轮胎人。

从 1898 年开始，米其林轮胎人作为品牌代言人出现在广告海报上，它有一个自己的名字——Bibendum，来自海报上的广告语 Nunc est bibendum（现在是举杯的时刻），源于古罗马诗人贺拉斯的一句颂歌，寓意米其林轮胎能冲破一切障碍。经过一百多年的时光，米其林轮胎人已经成为世界上最著名的品牌 IP 形象之一。

一般来说，成功的品牌 IP 形象要遵循以下三个原则。

```
         成功的品牌
         IP形象
    ┌───────┼───────┐
 带有品牌   蕴含人性   能无限
 的基因     情感       成长
```

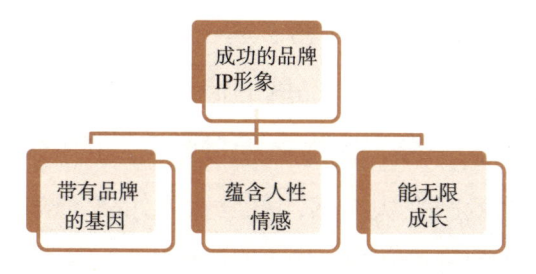

> （1）品牌 IP 形象是品牌的基因和土壤。凭空捏造出来的 IP 会给人一种穿错衣服的感觉，这样的 IP 不仅无法服务于品牌，反而会成为品牌的累赘。这就需要企业在打造 IP 时，要根据自身情况提炼自己独特的创意，体现自己独特的风格，找到符合品牌的内在价值观和精神内核以及符合品牌的个性特质的东西，而不是人云亦云。

> （2）品牌 IP 形象应该是蕴含人性情感的。品牌是脑智定位，以理性为主；而 IP 是心灵定位，以情感及潜意识为主。IP 从情绪和情感层面去与消费者产生深度沟通，可以让消费者产生更多的精神共鸣和心灵依附。这就需要企业对核心用户群有精准地把握，打造的 IP 能符合核心用户的情感倾向，让他们产生心灵上的自我投射，引发他们的高度共鸣。IP 角色本身要有趣、有料，如此，才能更好地拉近彼此之间的距离。

> （3）品牌 IP 形象应该是具有全息共感的魅力生命体，它能无限成长，并能散发出自己独特的魅力。

三只松鼠的品牌 IP 形象就是非常鲜明的，三个松鼠的形象各自具有独特的、具象的性格，和三只松鼠的品牌名称、品牌内涵都非常吻合。在形象设计上，将松鼠进行了人物化处理。欢快的表情，生动可爱的形象，很容易让人产生亲切感。以三个萌态松鼠为基础的动画片等衍生品进一步地丰富了这一 IP 的生命力。

这样的 IP 形象既决定着品牌的情感丰富度，也为以后的内容创作提供了基础。另外，因为贴近目标用户的情感诉求，IP 形象能让用户第一眼就产生认同感，甚至一见如故，瞬间吸引住用户的注意力，<u>在用户的大脑中留下深刻的"标签烙印"</u>，便于以后进行传播。

第三节
设计 IP 接触点，实现口碑引流

2021 年 4 月，网络上有一组动态图火了。第一张图，在一起等红灯时，麦当劳骑手忍不住摸了摸美团骑手的袋鼠耳朵，羡慕之心溢于言表；第二张图，麦当劳骑手拥有了鸡腿头盔，美团骑手忍不住摸了摸，并且竖起了大拇指。这组图戳中了众多网友的萌点，网友们发挥才能绘制了一系列可爱的漫画。

后来，一位美团骑手头盔上有数十只袋鼠耳朵的图片，再次登上了热搜，这一话题获得了 3.7 亿次的阅读量，不少网友发帖求同款。

很快，2021 年 7 月 17 日，美团推出袋鼠耳朵周边，满足了网友的购买欲望；2021 年 7 月 23 日，美团化身袋鼠耳朵加工厂，发布了一组具有科技感的产品海报，把耳朵话题推向了高潮。美团也因此称自己为"袋鼠耳朵加工厂"，自此有了和腾讯的"鹅厂"同样风格的代称。

一个简单的袋鼠耳朵的头盔造型，美团持续运营了大半年，并且不断在微博、抖音、快手刷屏，单话题阅读量高达3.3亿次，效果堪比上千万成本的营销传播，而美团所做的只是调整了一下头盔。

美团平台市场营销部负责人对"袋鼠耳朵"做了这样的阐述："美团发现，过往用户和骑手接触中没有精神交流，用户只关注送餐本身，骑手也只关心用户接到餐，需要一个创意去触发互动，需要一个亮点去推动二度传播和内容共创，改变外卖的场景。而选择袋鼠耳朵作为创意点的原因很简单，一是从美团外卖的袋鼠LOGO延展而来；二是有可传播的亮点，让用户充分参与共创和传播。"

美团袋鼠耳朵事件中，最突出的就是该事件释放了品牌IP化的粉丝化价值：用户自发参与其中，互动过程极接地气、极通人性、极富娱乐化，甚至有网友为了见到有袋鼠耳朵的骑手，特意用美团点外卖，还有人为了得到袋鼠耳朵头盔，特意注册成为美团骑手。而粉丝化价值的发挥与品牌触点有直接关系。

美团外卖小哥是广大用户最容易看到、接触到的品牌触点，是美团外卖营销体系中最直观的部分。

美团借助外卖小哥巨大的生活流量，加上一两个偶发的有趣视频，让头盔成为IP化道具，通过美团骑手进行不断地宣传，给大众加深记忆，让品牌形象深入人心，使这种呆萌属性的耳朵成为美团的专属标识。袋鼠耳朵还成为美团和用户之间的连接点，促进双方互动，这有助于培养用户的忠诚度，挖掘潜在用户，提高品牌在行业中的竞争力。

打开手机，留意各大App的图标，会发现一个有趣的现象：天猫是猫、京东是狗、苏宁是狮子、QQ是企鹅，大家都变身成小动物。前面讲了，小动物的 IP 形象具有形象的特点特征，能让用户更有亲近感，有利于互动。可企业为什么要用这些小动物形象霸占我们的手机桌面呢？它们做的就是品牌接触。

确定了品牌 IP 形象后，企业第二步要做的就是设计品牌接触点，以心智引导受众。并以多场景化、丰富性的内容在自由私域流量池中做到从"被看见"到"被喜欢"的双箭头互动营销，达到用户价值的最大化使用。

一般来说，IP 接触场景应遵循"两个凡是"原则：一是凡是企业的核心营销场景都应该注入 IP，如销售、售后、品牌活动等；二是凡是和消费者正面接触的场景都应该注入 IP，美团的送餐过程、三只松鼠的店铺销售过程都体现了这两点。最重要的是，IP 在这些场景的应用能直接提升产品和品牌的用户体验，还能将老场景变成新情景，带给用户不一样的感受。

第四节
做好 IP 推广，将流量变成销量

品牌营销大师杰克·特劳特说："对于商家来说，真正的战争发生在用户的心智中，要集中全力、聚焦一点，去抢占人们的一个心智模块，以至于让他们产生'条件反射'式的心理链接。"

一提到坚果立马想到三只松鼠，一提到手机立马想到华为，一提到电子书立马想到 kindle，用户能产生这样的心理链接，商家就成功了一大半，可要做到这些并不容易，其关键在于两个字——重复。

2006年，华强文化科技集团旗下的第一个方特乐园重庆金源方特开园。刚开始，在众多主题乐园中，它并没有吸引到人们的关注。

2008年，为满足主题乐园对3D动画内容的消费需求，华强方特成立数字动漫公司，开始涉足动画制作。2012年，"熊出没"系列的动画片横空出世，并很快成为家喻户晓的经典IP。很快，方特将"熊出没"的相关场景引入芜湖方特欢乐世界，打造实景主题体验项目，开启了文化内容加主题乐园并行发展的模式。后来的发展证实了，方特的这一步走对了。

在主题乐园方面，截至2022年，方特已布局完成24个方特主题乐园，成为全国数量最多的主题乐园。

在文化内容方面，除受疫情影响的2020年，2014年至2021年，7部"熊出没"系列大电影累计收获票房32.67亿元。2022年，《熊出没·重返地球》更是以9.77亿元的票房，创造了包括"内地影史春节档动画片最高票房"在内的多项新纪录。

从营收构成来看，华强方特主要有三大收入来源，分别是文化科技主题乐园、文化内容产品及服务和其他业务，其中文化科技主题乐园业务占据了营业收入的大部分，它承担了为企业"输血"的功能。而《熊出没》系列动画多年来稳居电视台收视率前三名，使这一IP充满活力，始终站在大众的关注下，为企业持续"供热"。

华强方特是IP推广的受益者，"熊出没"IP一方面持续反哺主题乐园；另一方面，"熊出没"IP不断延展周边产品。一开始是玩具、食品、文具等周边产品品类，近几年，随着多元化进程的不断深入，乳胶枕、牙刷、手表、洗手液，甚至装修建材方面的硅藻泥、木纹砖等都开始涉足。

"熊出没"这一IP已运营了十几年，在支撑华强方特不断扩展的"IP版图"时难免乏力。为解决这个问题，华强方特推出了动漫IP矩阵战略，开发了"小鸡不好惹""小虫虫有大智慧""太空鼠一家"等新IP，以覆盖更广泛的人群。华强方特的IP推广经验很值得我们借鉴。

在一个相互联系的系统中，一个很小的初始能量就可能产生一系列的连锁反应，人们把这种现象称为"多米诺骨牌效应"或"多米诺效应"。为证实多米诺骨牌效应，有科学家做了一个这样的实验：他制作了一组多米诺骨牌，共13张；最小的一张还不如小手指甲大，然后，以每张体积扩大1.5倍的比率，依次设计其余12张牌。在这里，之所以采用1.5倍这个比率，是因为按照数学计算和物理原理，一张多米诺骨牌倒下时能推倒的最大多米诺骨牌不超过自己体积的1.5倍。

这位物理学家按照精确地计算，把这套多米诺骨牌按适当间距排好，轻轻推倒第1张，第2张、第3张顺次倒下，当第13张多米诺骨牌倒下时，其释放的能量比第1张多米诺骨牌倒下时释放的能量整整大20多亿倍。这种能量是以几何级数的形式增长的，所以可以产生巨大的力量。在IP推广过程中，重复触达就能发挥出多米诺效应，进而迅速占领用户心智，将流量转化成销量。

第四篇

变现：完成用户价值商业闭环

第十二章

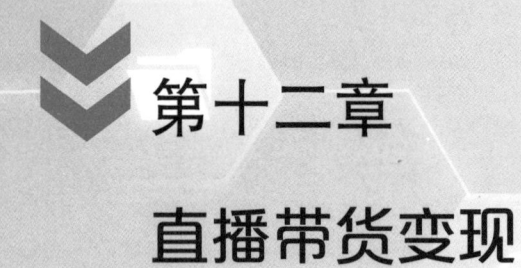

直播带货变现

近几年，电商加上直播，擦出了不一样的火花，并呈现出野蛮生长态势，直播带货已成为企业增加销售量的一种重要手段，而且还是当下最好的流量变现方式，它能让企业的流量和产品落袋为安，转化为金钱。

在传统电商销售模式下，消费者从购物网站中获取的产品信息是不全面的，因此难以判断产品是否真正符合自己的需求。直播带货的出现解决了这一问题，一方面，直播带货比传统电商销售模式更加直观，能够带给消费者更好的购物体验；另一方面，直播带货这种具有社交属性的销售方式能提高用户黏性，有效留存用户。

第一节
案例观察：带货女王董小姐的直播布局

2020 年，格力电器董事长兼总裁董明珠把过去"销售女王"的头衔摘了下来，与时俱进地戴上了"带货女王"的新桂冠。

受新冠疫情影响，格力电器 2020 年第一季度的营业收入大幅下降，同比减少 49.70%。在别人惊慌失措，有的感叹时运不济，有的纠结该如何突围时，董明珠率先行动起来，2020 年 4 月 24 日董明珠开始在抖音直播带货。

第一场直播成绩非常惨淡，商品销售额仅有 20 多万元。最主要的是她实现了零的突破，并很快进行了第二场直播。第二场，董明珠吸取教训，调整策略，邀请了两位快手头部网红助阵，销售额呈爆炸式增长，一举达到了 3.1 亿元。

此后，董明珠快马加鞭地开始了全国巡回直播。2020 年一年，董明珠共直播了 13 场，卖出 476 亿元的货物，占了当年格力营收 1704.97 亿元的 1/4。

在一次对外采访中，董明珠披露了格力电器直播背后的商业逻辑。

这476亿元的销量，有80%来自经销商。经销商负责把周边的潜在用户聚集起来，在董明珠直播前，给这些用户发一个专属的二维码，实现引流。

这里有一个促销转化的小活动，用户付给经销商9.9元，在直播间购买时，可以抵50元或100元；如果没有在直播间购买，9.9元是不退回的。这个活动提前把那些有购买意愿的人筛选了出来，活动的转化率非常高。

这些用户在线上直播间完成转化的利润归经销商所有，再加上直播聚集的流量远大于平时的流量，经销商自然非常乐意参与。

另外20%的销量来自直播间的用户，他们下单后格力电器会根据用户的收货地址，把订单分配给对应区域的经销商。虽然没有利润差价，但经销商可以赚取空调安装服务费。

格力电器直播的意义非常明显。一是在整体市场低迷的形势下，强势拉动销售；二是打通线上与线下销售的闭环，开始布局格力的线上线下"新零售模式"。

格力电器的直播带货模式为传统企业在直播领域的破局提供了一个新标杆。在传统电商销售模式中，一个好的销售只能同时服务有限的用户，而一个好的主播，却能够让成千上万的人成为他（她）的粉丝，在持续的运营中实现层层转化。这种销售模式具有高效、富有弹性、富有活力的特征。

移动互联网技术发展到现在，直播不再仅仅是一种新型的商业模式，它正在逐渐成为每个企业必备的基础服务能力。那么，传统企业该何去何从呢？

对于很多传统企业来说，直播还是一个新生事物。卖什么，怎么卖，都存在很多问题。要想做好直播带货，企业首先要做到以下几点。

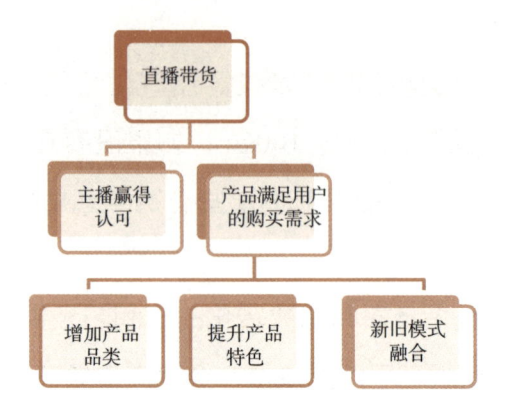

```
                    直播带货
                   /        \
            主播赢得        产品满足用户
              认可          的购买需求
                           /    |    \
                      增加产品  提升产品  新旧模式
                        品类     特色     融合
```

一、主播赢得认可

与传统电商相比，直播最大的突破是解决了"信任"问题，而信任的第一环就是主播。主播如果得到了用户认可，流量转化率就会非常高。

董明珠在直播领域蹚出来一条路后，接着就有了一个大动作——扶持接班人。

2021年11月，"董明珠接班人"登上了热搜。董明珠力捧的"接班人"是她的22岁女秘书——孟羽童。孟羽童毕业于浙江大学，曾经在综艺节目《初入职场的我们》中受到董明珠的赏识。而在此之前，孟羽童就是某MCN机构的签约红人。在中国制造业领袖峰会上，董明珠隆重对外介绍了孟羽童，并声称"要把她培养成第二个董明珠"。

这句话让孟羽童迅速走红网络，与此同时，抖音账号"明珠羽童精选"悄然上线。该账号的头像是二人的合照，认证是"格力电子商务有限公司"，绑定的是"GREE格力小家电旗舰店"。

从长期发展来看，传统企业转型直播，必然要培养自己的主播。董明珠这种"老带新"的路线是最为便捷的，一句"接班人"就把自己身上的用户的信任分裂复制了。

二、产品满足用户的购买需求

以卖货为目的的直播不同于娱乐性直播，消费者进直播间是因为有产品需求，传统企业产品过于单一，或者产品没有特色会大大限制直播的效果。要想破局，企业需要从以下三方面入手。

（一）增加产品品类

早在 2016 年，董明珠就提出："格力电器从专业化的空调企业进入了一个多元化的时代。"并在短短一两年内进入小家电、手机、机器人、环保等众多领域后，又开始布局新能源汽车的研发与制造，逐步完成了智能制造、智能家电以及新能源汽车三大产业板块的布局。足够丰富的产品布局让格力电器直播间的承载能力大大升级，直播的成本可以分摊，各产品的用户还可以共享。

（二）提升产品特色

不管是传统渠道，还是直播渠道，产品的差异化特色是决定用户的货币去向哪里的关键。

类似格力电器这样的传统企业，经过多年的时间沉淀，已经积累了一定的基础人群，企业在产品上有所突破和创新，会很容易打开市场。

（三）新旧模式融合

格力电器的直播模式有一个很重要的突破：赢得了传统分销商的支持，实现了新旧营销模式的融合。

新模式替代旧模式这叫革命，新旧模式融合这叫升级。历史的教训告诉我们：革命总是伴随着血与火的动荡，很容易伤筋动骨，比较起来，在原有基础上升级的阻力更小，成功概率更高。

第二节
全民直播正成为大趋势

电商直播，始于个体，但不止于个体，每个人都可以成为主播。未来，直播可能会成为中国的第一大行业。依附直播的自由个体职业者会越来越多，一个人能够通过经营自己的粉丝来赚钱，不管是卖货还是才艺打赏。

一部手机配一个手机支架或多功能自拍杆，再加上一点胆量，一场直播就可以开始了。无论你是什么身份，只要你肯开始直播，你就会成为拥有不等量粉丝的主播。当然，这其中也包括企业老板和企业员工。

▶ 一、网红直播

国内研究机构克劳锐曾预测：2020年，网红经济中的电商市场规模将达 3000 亿元。2020 年的"双十一",某头部主播直播带货交易额为 38.7 亿元,这一耀眼的成绩,将直播带货的影响力推到了极致。

二、草根直播

据媒体统计,截至 2019 年年底,浙江义乌从事直播行业的人数已超过 6000 人,靠直播运营的商户超过 3000 家,这些人大多都是草根。作为全球小商品批发中心,义乌聚集了价格低廉的商品和物流,成为众多草根主播出发创业的第一站。

而义乌国际商贸城的商户们,也因为外贸受阻转做内销,主动站到镜头前介绍自家的产品。其中,义乌北下朱村,这个仅有 99 栋民房、1000 多个原住民的村庄,距离义乌国际商贸城仅 8 分钟车程,如今是著名的"网红直播第一小镇",也是全国"爆款"产品发货地,平均每天有 60 万件快递从这里发往全国各地,更有 5000 多名带货主播聚集在此,期待改变自己的命运。

三、明星直播

2020 年 5 月 9 日,刘涛宣布正式加入阿里巴巴,职位为官方优选官。2020 年 5 月 14 日,刘涛淘宝直播 4 小时销量 1.48 亿元,刷新了全网明星直播的纪录。2020 年 5 月 19 日的直播,直播间围观人数超过 2100 万人,九成以上的"尖货"一上架就被秒光,补货次数高达 20 多次。除了刘涛,多位明星也纷纷加入直播阵营,为直播带货吸引了更多目光。

四、老板直播

据雷达财经不完全统计，2020年第一季度进行直播带货的企业家超过40位，涵盖旅游、体育、餐饮、家电、服饰、鞋、包、美妆个护、数码产品、生鲜电商、母婴、重型卡车等领域，并且大多都收获了不错的成绩。

2020年6月22日，国务院办公厅印发《关于支持出口产品转内销的实施意见》，提出"鼓励外贸企业充分利用网上销售、直播带货、场景体验等新业态新模式"。红蜻蜓董事长钱金波第一时间走进淘宝直播间带货，之后每月他都会亲自直播带货一次。从带货成绩上看，企业老板的带货能力一点儿不比网红与明星差。

三一重卡董事长梁林河"硬核"带货，2小时卖出186辆重型卡车；国美零售总裁王俊洲携手央视主持男团直播带货销售额突破5亿元；携程董事局主席梁建章8场带货直播，总带货销售额突破2.5亿元；董明珠在京东直播间为格力电器直播带货，3个多小时成交额突破7亿元。

相较外来人员，企业老板对自己公司的产品更了解，更易赢得用户信任，企业老板的加盟丰富了直播带货行业的内涵。

五、员工直播

像格力电器一样，企业自己孵化网红的情况并不少见。海尔就曾要求企业全员做直播，和工资绩效挂钩。**2020年5月，海尔正式宣布10.2万名员工全部玩抖音**，每人必须拥有1000多名粉丝，海尔的大手笔，让其他同行业企业也坐不住了，于是一场全员直播竞赛开始了。事实上，除了老板，员工也是最了解自家产品和品牌调性的人，企业孵化员工做直播，也不失为一种靠谱的营销手段。

第三节
直播成功变现的四大前提

直播带货是目前实现盈利的最主流模式，因此千军万马涌入这个战场。那么，直播带货怎样做才能保证效果呢？

做好定位　选好平台　搭建供应链　建立运维团队

一、做好定位

有句话说得好，**你永远无法赚到超出认知和经验范围的钱**。这句话同样适合网络直播。做直播首先要做好定位。

微博 CEO 王高飞曾这样评论某网红开淘宝店的微博："其实最近几年真正成功的网红，没有一个是做大众内容的思路，都是先构思产品定位，然后精准定位目标受众，针对这些人做他们喜欢的内容涨粉，然后做产品。"任何人、任何产品都无法做到让所有人喜欢，我们只需赢得部分人的喜欢就可以。

定位的第一步是确定自己所在的领域。现在，很多平台都在强调要保持领域的垂直度，这是由平台的审核机制决定的。平台在审核账号内容时，会通过抓取作品的关键词来判断领域类型，然后把作品推荐给感兴趣的用户，如果我们没有占领清晰的领域，平台就无法进行推荐，这样账号肯定是不会成功的。

在进行定位时，进入细分市场是一个弯道超车的机会，因为这样就可以避开竞争激烈的市场，另辟蹊径，寻找到更易出彩的市场。例如，同样是美食博主，可以做宝宝辅食类美食博主，可以做减肥餐类美食博主，可以做糕点类美食博主，这些细分领域的竞争强度会大大减弱。

定位的核心并不是对产品做定位，而是要确保产品能够深入用户的心中。在确定自己的定位后，我们就要持续不断地围绕定位确定传播内容，将定位一步步植入粉丝的认知中。

二、选好平台

营销大师杰克·特劳特说："市场营销的本质不是为客户服务，而是战胜竞争对手。"

2019年6月，某博主因为一个5G的评测内容，从原来的一个小博主一跃成为拥有百万粉丝的大博主，一炮走红。该博主的视频文案、剪辑、内容都很不错，可他在长达一年多的时间里都一直不温不火，他爆红的转折源自某位女明星大婚。

2019年6月6日，该博主在B站上发布了一个5G测评视频，几乎同一时间该女明星在微博上宣布了自己结婚的喜讯，触发了全网关注。随后，微博的服务器宕机了。

在信息全无的情况下，OPPO副总裁沈义人、B站董事长陈睿在微博上先后转发了该博主的视频，这个与女明星大婚完全不同的视频，立刻激起了一串串波澜。当天，该博主就冲上了微博热搜榜第八位。随后，该博主在B站的视频播放量冲上了全站第一。在B站默默无闻的博主，因为微博的一个大事件，大放光芒。他的走红很好地证明了平台的影响力。

目前，有一定影响力的电商直播平台不少，不同平台的运营规则是不一样的，选择适合自己的平台有助于从激烈的竞争中脱颖而出。

三、搭建供应链

直播的根本目的是卖货，提高商品的销量。这要求直播个体在选品上多下功夫，除了要选择质量好的产品，还要选择与自己匹配的产品。某网红受邀开直播为商家卖货，结果一场直播下来只卖出了三件产品，这样的事情一旦发生就是双输。一两次还可以理解，但多几次翻车就会名誉受损。

供应链是对直播个体的最大考验，架构供应链有以下六种途径。

➢（1）依托强大的招商能力，在线上招商，解决商品款式的更新问题。

➢（2）依托自己的运营团队，自己开店解决货品问题。

➢（3）建立自己的直播基地，与批发市场合作。

➢（4）建立自己的直播基地，与品牌商合作。

➢（5）建立自己的直播基地，与掌握着大量尾货资源的商家合作。

➢（6）与专门提供供应链一条龙服务的公司合作。

四、建立运维团队

从运营流程上看,一个直播团队首先要有选品人员。几乎每个电商主播都想拿到具有竞争力的产品和低价格,但这不是一件容易的事情。不是说你粉丝多,好产品就会自己来,商家就一定会给你最低价。这需要一个专业化的团队去长期运营和维护与商家之间关系。

选品人员负责全面采集产品信息,全网进行产品价格比对,弄清楚哪些产品好卖,哪家供应商的价格最合理,还要检查产品的质量,预测产品的受欢迎程度,最终选出符合消费者的产品。

产品选出来之后,就需要直播的运营策划上场了,他要在开播前提前进行广告投放、策划直播间规则、设计直播脚本等,对直播从头到尾的进行整体编排。

之后就到了正式直播的现场,这一环节需要三组人员的配合,主播、副播、场控缺一不可。三者配合不到位的话,就可能会出现各种各样的问题,比如主播说上链接,半天没上链接或者上错链接,或者优惠券数额对不上。有的直播间没有副播,没有人配合主播展示产品,库存没有了,也没有人及时补货,后台的评论也无法及时回应。

一般来说,主播是直播间的核心角色,负责控制整场直播的节奏,包括讲解产品、引导互动、调动氛围等。副播需要全程配合主播,主播讲解产品时其负责帮忙展示产品,引导互动时其负责与主播联动。场控主要配合主播上架产品链接、回复直播间评论、及时调整库存等。

一个完整的直播团队还需要配套售后人员，需要处理售前售后问题、解答客户的各种疑问、帮助推广订单、办理退换货等。

随着直播电商行业的成熟化，无论是采取自建运维团队的方式，还是采取签约代运营的方式，个体品牌必须在运维上获得团队的全力支持，才能走得更远。尤其是国家出台直播新规后，专业运维团队的扶持显得格外重要，"野生"网红将越来越难存活。

第四节
直播场景搭建的六种方式

作为一种新兴的互动营销方式，直播因融合了图像、文字、声音等丰富元素，在实时性、交互性方面具有天然优势。直播有三大要素：人、货和场。人是指直播者；货是指供应链；场就是消费场景。其中，场景对于成交起到决定性作用，所以很多人在场景搭建上费尽心思。尤其是企业，直播的目的就是提高销量，通过场景搭建让用户产生消费冲动，这至关重要。

企业搭建直播场景可以采取以下六种方式。

一、店铺直播

很多商家选择在线下实体店进行直播，这样做除了能卖货，还能直接向观看者展示商家的门店，让观众对门店环境产生兴趣，从而引流到线下门店消费。同时，门店的存在也能增加消费者的信任。

在门店直播，装修和装饰一定要做到位，把观众一下子带入线下购物的联想。比如，一个卖潮服的老板，把自己的直播间装扮得非常酷，从挂件到天花板，包括老板的个人发型、妆容、饰品、肢体动作等，都充满潮流元素，透过细节装扮让整个直播间笼罩在浓浓的酷潮氛围之中，喜欢这种风格的人很快就会被征服。

◆ 二、仓库直播

在仓库直播，可以向消费者展现商家的产品供应链实力，同时干净舒适的仓库环境也能给观众带来很好的感受。比如，有一家卖普洱茶的商家，在视频介绍里写着有8000吨茶叶库存，直播时老板就在大仓库来回走动，时不时抓起茶叶介绍，既让观众见识了仓库之大、厂家实力之强，又让观众看到了产品实物，说服力就比较高。

再比如，两个卖手工皮鞋的主播将直播间设在了自家仓库，在他们的直播台后面是琳琅满目的皮鞋，两位主播在直播时穿着鞋匠围裙，拿着工具演示皮鞋的制作过程。仓库和鞋匠装备，让人对产品的品质顿时产生了信任。

◆ 三、原产地直播

原产地直播，比较适合于农产品或生鲜类产品，让观众直面原产地，能够让他们更加有感触，同时相信食品的健康有保障、食品的来源有保障，直接促成交易。

比如，有位卖鸡蛋的主播，不仅在林区直播，还策划了一个现场喂鸡的活动，在直播间送一颗红心就帮观众喂一次鸡，还有人刷礼物，要求现场看鸡下蛋，总之气氛很好，观众在确定这是散养鸡后，鸡蛋的销量就上来了。

四、自建直播间

根据直播内容去搭建相匹配的直播间，让观众更有代入感，这种主题式直播的成本相对高，但是效果很明显，适合大型直播。

很多人的直播间，一部相机和一块背景板就完事了。但有的直播间就很豪华：一个挑高近10米、面积约200平方米的场地内，配有一个宽5米、长8米，观感非常细腻的4k LED大屏幕，根据市场价格估算，仅屏幕就价值88万元；直播间配备的拍摄设备也很讲究，正面机位4个，顶部机位1个，还有1个大型产品的机位，这些摄像机价值181万元；这些高端设备搭建起来的直播间在同类直播中就显得很有气场和氛围，很容易脱颖而出。

五、景区直播

在景区直播的优点显而易见，与千篇一律的室内直播间相比，景区的自然美景无疑是加分项。很多人误以为只有做旅游项目的才会在景区直播，实则不然，企业也可以充分利用景区直播，制造轰动效应。

举个有名的例子，某登山服品牌就曾将直播间搬到了零下9°C的西藏雪山上，富有创意的雪山直播让其当天话题曝光量累计超过千万次，并成功登上抖音热门榜，直播间人气最高近40万人，三天销售额超过100万元。

六、租地直播

随着直播业的井喷式发展，很多地方开始建设网红打卡项目和直播专属场地。企业如果觉得自己建造直播场地太麻烦，可以考虑租场地直播。例如，北京有很多性价比很高的影棚，上海周边有很多闲置的厂房被改造成了直播间，而杭州周边有很多为网红直播专门打造的场地。

如果你所在的城市，没有类似的直播专属场地，就可以考虑在酒店和宾馆直播。比如，一家卖高端女装的老板，就选择在五星级酒店直播，五星级酒店的场景，成功对衣服的档次进行了提升，很符合目标群体的品位，直播转化率就比较高。

第五节
直播带货流程的把控

一场完整的直播，包括四大环节：直播准备、直播预热、直播流程和直播回放。

```
直播准备：视频采集、视频编码、视频传输、视频分发
        ↓
直播预热：直播的时间、主题、商品清单
        ↓
直播流程：讲解内容、解答疑问、互动、发起活动
        ↓
直播回放
```

❥ 一、直播准备

直播由视频采集、视频编码、视频传输、视频分发组成，所以直播前需要准备视频采集工具（摄像头、摄像机、机顶盒、笔记本电脑、补光灯、声卡、话筒、耳麦等）、视频编码工具（使专业相机直播时用的编码器、编码软件等）、网络（检查网络）和直播平台账号。除了这些硬件设备，在直播前还要提前写好直播脚本、策划好游戏环节、准备好奖品，以及将商品上架到平台等。

❥ 二、直播预热

在直播前发布预告，对于提升直播效果有很大帮助，这一点并没有引起足够的关注。很多人喜欢任性直播，以为在刷视频的高峰时间段，关注度理所当然地会很高，其实不然，哪怕你有足够多的粉丝，也不要如此盲目自信。就算观看人数很多，但流量不等于成交量，最后的成交量和观看人数并不成正比。所以有针对性地预热对于转化率的提高有很大的帮助。

某头部主播的淘宝直播间粉丝数有 5900 多万人，完全不缺流量。但是为了保证每次直播的效果，他的团队都会预热，他们打造了数百个优质社群，每个群里有 400 人，用户活跃度都很高。该主播的微信群门槛很高，在他的直播间买得够多、看得够久，才能进粉丝群。在进粉丝群前，需要向其助理团队的个人微信号提供直播间亲密度的截图。

每天直播前，群里的机器人助理都会预告今天的直播活动，介绍直播的时间、主题以及商品清单。每次发完商品预告清单，都会引发粉丝们的讨论。直播开始后，助理们会第一时间在群里分享直播间的链接。甚至有不少粉丝，也会自发来粉丝群分享直播间链接，这样引流后，直播间的人气很快就得到了提升。微信群中的粉丝还会提出自己想要买的商品，管理员也会引导粉丝们填写心愿单，这样选品就有了方向，直播转化率就变得更高了。

三、直播流程

在正式直播前，可以设置一段未直播状态，在布置直播间时，让粉丝先进来，一方面集聚人气；另一方面让用户先行浏览商品。

在直播时，根据直播前的准备，全程讲解内容、解答疑问、互动、发起活动等，并且需要时刻根据直播间的情况和热闹程度进行自我状态调整。

在这个过程中，主播要展示出以下三个方面的能力。

> （1）品位。可以通过自己擅长的领域来展示自己的品位，如穿搭品位、音乐品位、审美品位、阅读品位等，这些细节分享，既可以彰显个人品位、增加个人魅力，也可以增加直播时长。

> （2）技能。可以是说学逗唱、琴棋书画，也可以是在某一领域的技能，如烘焙技能、做 PPT 的技巧，甚至是打游戏的技能分享。

> （3）转化。直播的本质还是销售，插科打诨、炒热气氛的最终目的就是带货，所以要在直播中多引导用户提问产品（现场解答），并讲述厂家福利。

四、直播回放

直播是对消费转化的集中收割,但是直播后的二次转播也具备超强的转化能力。在直播结束后,可以对直播内容进行精彩剪辑,以短视频的形式发布,这样更易于传播,且能很好地从回放视频引流。另外,在直播回放中,要完整复原直播中的用户购买状况,这样没有看到直播的用户在观看回放时就可能下单购买。

第十三章

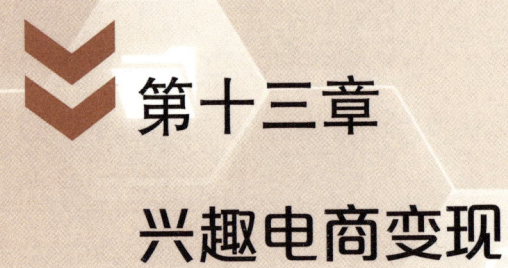

兴趣电商变现

抖音电商总裁康泽宇提供了一个有意思的数据：据抖音平台商家的反馈，抖音电商上的消费者，85%以上是新用户。兴趣电商的核心是主动帮助用户发现其潜在的需求，人们刷视频，就像是在网络上逛街，他们同样没有明确的购买需求，直到看到自己感兴趣的东西，他们才会随手买下来，这就是兴趣电商的底层逻辑。

根据第三方测算，兴趣电商的商品交易总额到2023年大概会超过9.5万亿元。电商行业会有越来越多的参与者转向兴趣电商行业。兴趣电商凭借着强大的生态优势，有望成为企业变现的下一个风口。

第一节

案例观察：海底捞再度爆红的秘密

第一步，鸡蛋敲开放入杯子，然后用筷子打散。

第二步，加入虾滑搅拌。

第三步，取一个油面筋，用筷子戳一个洞（切记不要用力过猛，否则会捅破油面筋）。

第四步，将鸡蛋液倒入油面筋里，就可以放入锅里煮啦！

这就是海底捞网红鸡蛋虾滑油面筋的吃法，获得了近150万点赞量，受欢迎程度可想而知。

近几年，随着抖音的爆火，企业在抖音平台的品牌营销方式新花样频出。海底捞就是一个模板。

在抖音"#海底捞#"话题下，有近1.5万人参与挑战海底捞创意新吃法的活动，排在挑战第一位的是自制创新蘸料（海椒＋花生碎＋调和油＋耗油＋葱花），这种蘸料被称作网红级爆款产品，在抖音上拥有近200万点赞量，留言数量更是突破了1万条。

这种蘸料味道到底如何呢？点赞的人都有去尝试一番的冲动；留言的人大多都有类似的体验，因此他们才有话语权。其结果是，抖音上视频的火爆直接引发了海底捞门店新一轮的排队潮。

借力抖音流量，以线上创新内容的大体量传播，实现线下实体店的流量变现，海底捞的做法很值得传统企业借鉴。除此之外，在海底捞的人性化服务已经发展到极致的情况下，海底捞又被打上了一个"网红"的标签，这让海底捞在同质化严重的火锅餐饮行业里又一次成为龙头企业。

越来越多的商业案例证明，抖音、快手等具有社交属性、广受大众欢迎的娱乐App有着强大的"带货力"。为什么呢？

一、用户的状态是最放松的

"你为什么刷抖音？"拿这个问题问身边的人，可能会得到这样的答案："很好玩、好搞笑，让人很放松""没有为什么，反正闲着也是闲着""上面有漂亮的小姐姐、小哥哥"等。

用户进入其他平台时，他们带着"看资讯""学知识"等理智脑，而抖音的用户大多处于一种放松的、随机的、无意识的状态，他们的目的就是没有目的，或者说他们的目的就是纯粹的"杀时间"，就是想把那些等车、睡前等时间填满而已。在这种状态下，他们非常容易接收到品牌方希望植入给他们的信息。

二、自带传播属性

抖音的自带传播属性非常突出，不但成本低，而且速度快，能在短时间内看到效果。对于想要通过抖音进行带货的企业来说，只需策划到位，有某个新奇的点能吸引到消费者的兴趣，你的视频就很容易让人不自觉地看了一遍又一遍，用户会不知不觉接收到你想要传达的信息，哪怕你是在卖货，只要够有趣、够吸引人，用户也会观看，这就是抖音的"魔性"。

第二节
兴趣电商：下一个风口

市场销售中有一个规则：发展一个新用户的成本是挽留一个老用户的3~10倍。对于很多企业来说，维系老用户简单，开发新用户是非常难的。可在抖音平台，商家却有85%的新用户触达，抖音是如何做到的呢？抖音电商总裁康泽宇提出了"兴趣电商"的概念。

▶ 一、什么是兴趣电商

直播电商、内容电商是以信息的承载形式这一维度来定义电商的，而兴趣电商却站在了一个完全不同的维度上。

所谓兴趣电商，是指一种基于人们对美好生活的向往，满足用户潜在购物兴趣，提升消费者生活品质的电商。

▶ 二、兴趣电商的底层逻辑

康泽宇认为**兴趣电商的核心是主动帮助用户发现他潜在的需求**，它的成交形式类似于线下逛街，人们逛街时，一般没有什么特别明确的需求，就是看到什么，如果觉得不错便进行购买。在抖音，人们刷视频，就像是在网络上逛街，他们同样没有明确的购买需求，直到看到自己感兴趣的东西，他们才会随手买下来，这就是兴趣电商的底层逻辑。

抖音平台为这种电商形式提供了成长土壤，具体表现在以下三个方面。

> （1）抖音基于兴趣的个性化推荐机制可以一边帮助用户发现自己的潜在需求，另一边帮助商家把商品推荐给感兴趣的人。
> （2）短视频和直播等形式让商品的展示变得生动、直观，消费者的决策时间缩减到了最短。
> （3）大量优秀的内容创作者出现，使海量优质商品可以通过更好的内容形式被展示。商家可以通过这些创作者触达更多消费者。

传统电商平台，如淘宝、京东、拼多多等，更多表现为货架电商，遵循的是人找货的逻辑，用户一般带着非常明确的购物需求去搜索和查询自己想要购买的商品，对于商家来讲，用户大多是关注过店铺或买过商品的存量用户。

相对传统电商的"人找货"逻辑，**抖音的兴趣电商则是基于"货找人"逻辑的**。大数据会根据用户标签进行精准推荐。也就是说，**用户不需要通过主动搜索，抖音的精准推荐算法就能成功地把商品推荐给用户**。

生活中，我们经常会有这样的体验，脑子里刚有了去饭店吃饭的念头，抖音里就有美食或餐厅推荐；刚跟同事聊到带孩子玩什么，抖音里立刻就有了网红溜娃胜地推荐。很多人忍不住感叹：大数据比我自己都了解我。

这就是精准推荐算法的厉害之处，它能准确挖掘用户的潜在需求，并精准地为用户推荐合适的产品。

三、兴趣电商的优势

在"货找人"这一逻辑下，兴趣电商有了传统电商无可比拟的优势，具体如下。

> （1）在传统电商平台，用户购买产品时经常有比价行为，他们会将搜索结果按销量或按价格排序，对商家、价格、评论等进行综合考量；而在兴趣电商平台上，用户作购买决策的时间比较短，产生兴趣、激发需求、产生购买，用户通常会在视频下方的链接中直接下单，很少会有跳出视频，去跟全网的同类产品做比较的想法。

> （2）在兴趣电商模式下，因为用户购物有极大的随意性，对于商家来说，它更容易触达新用户，而不是在老用户中打转。

> （3）视频在内容承载及场景化消费方面远比图文详细，它能带给用户强烈的视觉冲击，更容易激发用户的购买欲望。

第三节
什么样的企业适合做兴趣电商

前面讲了兴趣电商将是下一个风口，那是不是所有企业都有必要进入这个领域呢？互联网时代的一大特征就是"去中心化"，没有哪种存在形式能成为放之四海而皆准的准绳，兴趣电商同样如此，并不是所有企业都适合做兴趣电商。适合做兴趣电商的企业有以下五种。

```
         目标客群
         年轻化的
           企业
  能让人倍              核心产品
  感新鲜的              能和大众
    企业              娱乐相结
          适合做兴趣    合的企业
           电商的
            企业
     能提供好      客单价
     的产品      不太高的
      的企业       企业
```

❥ 一、目标客群年轻化的企业

抖音用户的年龄分布为 35 岁以下的人群占比超过 90%，其中女性用户比例要大于男性用户。

如果企业的目标客群恰好在这个区域内，就可以选择抖音；否则，就需要慎重一些。

❥ 二、核心产品能和大众娱乐相结合的企业

美国批判家尼尔·波兹曼在《娱乐至死》一书中指出：理性、秩序、逻辑性的公共话语将逐渐转变为脱离语境、肤浅、碎化的形式。也就是说，将出现一切公共话语以娱乐的方式出现的现象。

他虽然对此进行了批评，可我们不得不承认，**在抖音等兴趣电商平台上，娱乐是内容存在的唯一理由**。企业的核心产品只有和大众娱乐相结合，才能生存下去。

❥ 三、客单价不太高的企业

在兴趣电商模式下，用户购物的随意性大，对价格相对不敏感，它比较适合旅游、美食、美妆、服装、家电、玩具等购买频次高、客单价低、易作出购买决策的产品，而不适合价格高昂、决策难的产品。

❥ 四、能提供好的产品的企业

在兴趣电商模式下，用户很容易陷入冲动消费，就像我们在商场买衣服一样。在这个过程中，产品出现问题，不仅对商家是一种打击，对平台也是不小的伤害。

要想长久、持续地经营下去，企业必须保证提供的是能经得起市场考验的产品，从原材料到产品品质，再到购买体验，用户看到、买到、拿到整个购买链条都要有所保障。

❥ 五、能让人倍感新鲜的企业

提到"网红产品"，大众印象是新鲜的、少见的、有趣的产品，**兴趣电商的用户大多有强烈的"尝新"心理，一款包装新奇的产品可能会受欢迎，一个口味新颖的美食可能会受欢迎，一个新奇有趣的旅游景点可能会受欢迎。总之，企业一定要找到拨动用户神经的"新奇点"，能拿出"新、奇、特"的内容。**

第十四章

知识付费变现

畅销书作家李笑来说："这个时代，对已经在知识与技能方面有所积累的人来说，是个遍地黄金的时代。他们在一片知识无用的呱噪声中长大，竟然没有被那些乱七八糟的观念影响，竟然执拗地获得了积累，然后竟然在有生之年，甚至是在还很年轻时就迎面撞见变现的机会，他们很幸福，未来的他们更幸福。"

随着互联网时代的来临，"平台"兴起，"共享"输出蓬勃，这让每一个人都有可能成为"知识变现"的主体。一手流量，一手知识，我们就有可能成为资本追逐的焦点。

第一节
案例观察：凯叔的商业链条

2013年，凯叔因工作不开心，选择了辞职回归家庭。闲来无事就每天给女儿讲故事听，偶然的一次，他把给女儿讲故事的音频分享到幼儿园群里，没想到受到了群里家长的热烈欢迎。

在家长们的催更下，他在微信公众号上更新了一系列经典故事、国学知识等音视频产品。不到两年时间，这个微信公众号就有了400多万粉丝。随着"每天三分钟，国学童子功"这句话成为爸爸妈妈和孩子的口头禅，他的个人IP也进入了众多家庭中。2015年10月，他以名人IP和经营理念拿到了450万元的第一桶金。

从2014年正式创业以来，"凯叔讲故事"已完成六次融资，我们来看一下其中的三次融资。

2018年3月，"凯叔讲故事"获得了1.56亿元的B+轮融资。由微影资本、正心谷创投、上海坤言投资领投，挚信资本、前海母基金跟投。此轮融资后"凯叔讲故事"进入爆发式增长期，逐步形成"**爆款IP+多形态商业化**"的成熟商业闭环。当时透露的数据显示："凯叔讲故事"营业收入超过2亿元。

2019年7月22日，"凯叔讲故事"完成由百度领投，新东方、好未来、坤言资本跟投的C轮融资，融资规模超5000万美元，泰合资本担任独家财务顾问。

2020年2月，"凯叔讲故事"完成6600万美元的C+轮融资，此次融资由挚信资本领投，新加坡投资公司淡马锡和正心谷跟投，泰合资本继续担任独家财务顾问。

融资的成功，意味着投资机构对"凯叔讲故事"的变现能力的认可。那么，"凯叔讲故事"是如何实现内容超级变现的呢？

❯ 一、把内容打造成产品

内容产业爆发时，母婴领域的深耕者比较少，这给了凯叔讲故事机会。作为亲子教育领域的公司，"凯叔讲故事"非常注重极致内容的深耕。

"只要把内容做到极致，老天爷一定会赏口饭吃。"

其创始人凯叔多次提到关键词：**快乐和成长**，这是他对儿童内容品质的执着。为了做出好内容，他很注重与家长们的互动。他说："当我把故事做成产品时，不断地和我们的用户去互动，我觉得这就是互联网精神：怎么能够让你的产品不断地进步，越来越贴近你的用户。"

在推出第一款付费产品《凯叔西游记》时，他亲自在群里发帖："凯叔向吴先生致敬，凯叔想讲《西游记》，著作洋洋洒洒82万字100

回，把它改编成大人听得乐、孩子听得懂的故事，大家愿不愿意付费收听呢？如果愿意那我就着手准备，如果不愿意就说明时机不到。"

用户纷纷发表意见，其团队组织了投票，结果显示：80%的用户愿意付费，这款产品才正式确定下来。追求极致的儿童内容为"凯叔讲故事"积攒下良好的用户口碑，这为变现和融资奠定了基础。

❯ 二、从内容免费到内容付费

凯叔刚开始是将故事放在幼儿园家长微信群里的，没想到反响强烈，家长们都要求再来点新故事。一开始凯叔没当回事，用户到了1万人时凯叔发现，这个社群的活跃度很高。为了验证用户黏性，凯叔组织了一次线下活动，现场来了30多个家庭，孩子们给他带了各种礼物，这让凯叔有了创业的信心。

第一款产品《凯叔西游记》一经推出就为公司带来了几百万元的收益，就在团队指着这个爆款大赚特赚时，凯叔作出了一个决定：把《凯叔西游记》变为免费产品，去获得更多的用户。在他看来，用户基础打实再考虑变现，才是长远之计！后面的各种事实也证明了凯叔的智慧。

知识付费创业最大的风险是版权问题。很多人讲故事，以绘本故事为主，其中99.9%是盗版的，他们走在版权法的边缘。但是，凯叔一开始就决心搞定版权。

最初，他和出版社接洽时，没人愿意与他合作。后来，"凯叔讲故事"微信公众号大火后，出版社纷纷找上门想花钱请凯叔带货，但凯叔坚持不收钱，他用免费交换优质绘本的版权资源。做知识付费，格局一定要大，只有舍得眼前的小盈利，才能换来后面的大市场。

三、公众号+独立App+优选商城+线下新零售+加盟收入+直播带货

2013年10月1日,"凯叔讲故事"微信公众号正式成立,专门为2~10岁的孩子们讲儿童故事;2016年,用户数量超过600万人,"凯叔讲故事"App上线;2016年下半年,公司又推出了"凯叔优选商城"。

有了这三个线上运营端后,"凯叔讲故事"开始全面开展新业务,除了在儿童内容产品线,还增加了父母内容产品线和电商产品线。

儿童内容付费产品是变现的主要来源,"凯叔讲故事"的复购率高达40%,并且以漏斗形持续递进,当用户持续付费6次以后,复购率超过70%。2017年年底,"凯叔讲故事"成立童书出版部门,出版内容涵盖儿童文学、科普百科、原创绘本、国学启蒙和玩具书五大板块,图书收入成为儿童内容变现的第二种渠道。

父母内容的变现方式主要靠"妈妈微课""亲子课程"和"亲子训练营",后来又开设了"玩转尤克里里""专注力学习""数学魔术"等热门课程。

电商产品主要围绕儿童用品展开,聚焦孩子在居家、学习、玩具等方面的需求,像"凯叔学习桌"这种超高性价比的产品,一个爆款就为公司带来了可观的收入。2018年,"凯叔讲故事"全国线下体验店"凯叔家"在青岛、西安、哈尔滨、唐山试运营,体验店不但销售"凯叔讲故事"的实体产品,还打造出"实体店售卖虚拟产品"的新模式。

2020年，直播带货井喷式爆发后，"凯叔讲故事"App也加入了直播阵营。仅仅"六一撒欢儿童节"的一场3小时的直播，就实现了1168万元的销售额。

通过多渠道变现，"凯叔讲故事"微信公众号打造出"爆款IP+多形态商业化"的商业闭环，堪称知识付费领域的"模范生"。

第二节 内容打赏类玩法

在中国，经过多年的免费体验后，知识付费终于在各个行业扎根发芽，并且呈现出多样化的形式。

▶ 一、文章打赏

创作并上传文章作品，接受读者的付费打赏，这是知识变现的初级形式。2013年4月，简书上线开放创作社区，允许任何人在平台进行创作，接受付费打赏；2014年，百度文库和豆丁网先后推出了付费文档功能；2017年2月，以科技创投媒体起家的36氪，上线了付费专栏"开氪"；2018年6月，微信公众号设置了六档赞赏金额，作者可以直接收到读者的打赏。

很多老板会误以为，文章打赏只是职业写手的个人专属行为，跟企业无关，其实不然。

比如，企业微信号也可以开设打赏功能，高质量的文章，可以给企业带来打赏收益的同时，为企业带来可转化的精准客户。

再比如，跨境电商公司"美购"通过一篇"开氪"付费文章《"美购"竞品分析报告》获得了1800万美元的融资。企业很难靠文章打赏生存，但是可以通过付费文章的影响力，为自己带来其他利益。

二、付费问答

在问答模式中，由用户向答主进行提问，答主给予语音或文字回答，从而获取相应的收益，共费用一般在几元到几百元不等。问答模式主要具有互动性高、时效性强和涉及内容广等核心特征。典型的问答平台有"知乎问答"和"微博问答"等。

付费问答产品始于2016年，经过几年时间的演变，垂直类问答平台越来越受欢迎。垂直类问答平台最大的特征是以某一领域的知识内容为讨论主题，围绕该主题进行问题设置及平台建设。

例如，专注于住房家具的"房天下"、专注于技术服务的"极客时间"等，这种行业聚焦于特定知识细分领域的垂直问答平台，让企业在付费问答领域有了用武之地。毕竟，企业都是所在领域的"内幕人士"，可以回答的问题很多。

三、知识订阅模式

在以喜马拉雅FM、蜻蜓FM、得到App为代表的知识聚合电商平台用户可以开通专栏，然后定期更新内容并获取收益（内容可以以各个领域的入门知识及经验为主）。用户在平台上挑选所需的知识内容，通过支付费用来获取内容。这种模式是将知识内容进行产品化，营销和传播方式与淘宝、京东等电商平台相似。例如，喜马拉雅FM就曾组织过与"双十一购物节"类似的"123知识狂欢节"。

知识订阅玩转后，很可能会引发财富蝴蝶效应。北大教授薛兆丰除了研究经济学和在大学授课外，还利用业余时间在得到 App 上开通了付费专栏，成为其知识经济板块的王牌。截至 2020 年，薛兆丰的网课累计销售 48 万份，销售额近 1 亿元，自媒体付费使薛兆丰获得了第一笔变现收入。

在得到 App 火了后，薛兆丰从北京大学国家发展院离职，开始了职业化知识变现之路。薛兆丰把网课总结并出版成书籍《薛兆丰经济学讲义》，丰厚的版税是他的第二笔变现收入；接着他开始在综艺节目"奇葩说"中做导师，人气再次攀升，节目收入是他的第三笔变现收入；依靠全网形成的高人气，薛兆丰商演活动不断，该部分收入是他的第四笔变现收入。

第三节
知识付费网课玩法

知识付费网课是一门好生意。如果觉得付费网课项目不行了，很大可能是因为没有做好课程。可以说，只要用心去钻研，就一定能打造出属于自己的知识付费网课。

一、原创者角色与整理者角色

很多人说自己没特长、没技能、没专业，其实这些都是借口。做一个网课分享达人，可以把自己定位成两种角色。

一是原创者角色。自身有一些隐藏技能就可以走原创路线。

例如，"90后"的某博主，农村出身，开了一门名为"职场写作与沟通"的写作课，在各大平台卖了将近10万份，每份售价199元；"90后"的冯先生，通过《PPT之光：三个维度打造完美PPT》《"趣"你的Word基础教程》《搞定毕业论文Word排版》《党政PPT怎么做》《Excel之光：高效工作的Excel完全手册》《PS之光：一看就懂的Photoshop攻略》等课程年入百万。他们分享的是自己的经历或专业技能。

二是整理者角色。如果你觉得自己真的没有太专业的东西可以分享，怎么办呢？这时就可以尝试归纳总结一些知识，善于总结归纳也是一种本领，你为用户节约了时间，也确保他们学到了东西，他们就愿意为此付费。

二、课程设计要点

课程目录很重要，用户花了钱，就想学到东西，所以会认真看目录。价格超过199元的课程，目录格外重要，用户只有在看到自己想要学习的东西时，才会决定购买。因此，课程目录一定要"炸"，让人一看就知道能学到什么东西。

如何才能设计出很"炸"的目录呢？

（1）找到市场上同类型的10~30门课程，获取灵感，最好是找到能模仿的对象，那些超出自己能力范围的对象就不要参考了。

（2）根据对手来发现真正的用户痛点，卖得好的自然是大家都关注的，现在有很多软件可以看到用户的网课浏览记录，可准确判断用户对哪方面的课程感兴趣。如果一些你觉得很重要的点对手没有讲好，那么你可以花心思去研究问题出在哪里，你能提供怎样的解决方案。这样在吸取了对手经验的基础上就找到了自己的优势。

（3）梳理并优化课程要点，最终确定目录。目录一定要经过多次推翻迭代后再确定上线。

课程章节数不宜太少，太少，用户会觉得内容少；也不宜太多，太多，用户会担心自己学不完。

创建完目录后，如果你觉得自己的知识储备足够，就可以按照自己擅长的语言表达方式进行内容输出；如果你觉得自己的知识储备不够，就可以组建内容团队，靠团队的力量去打磨内容。

在内容完善后，还有一个大动作要做，那就是对课程的主讲人进行包装。可以对自己的真实身份进行包装，让用户对主讲人产生信赖。

▶ 三、录制与剪辑

录制线上课程需要的工具很简单，一部手机或一台电脑就可以。如果想要再精致一点，或者真人出镜，还可以进行布景，如耳麦、效果器等。如果有条件，还可以请专业的摄影师进行录制。

可以先录制语音，有信心后，再录制视频，因为视频的形式相对复杂一点，而且很多人存在"晕镜"问题。音频有一个优点，就是可以靠一些录音软件快速完成。很多录音软件，带剪辑功能，非常方便。等有了足够的信心后，再录制视频。如果是自己制作，网上有很多视频录制和视频剪辑的软件可供选择；如果成本允许，可以交给专业团队制作，这样既省心又能保证视频的质量。

▶ 四、网课变现方式

把个人掌握的知识录制成课程，然后拿到各平台去销售，这是网课变现的最基本方式。其实，网课变现还有多种方式，如社群售卖课程、会员模式、课程分销、找代理加盟商。依靠自己的力量，售卖到了一定瓶颈后，可以像凯叔讲故事、樊登读书会那样，启动合伙人计划，让更多的人帮助卖课，让项目更上一层楼。

第四节

线下约见咨询玩法

线下约见，是知识付费时代的一种发展方向。用户在平台选择符合自己需求的专家服务（知识产品），付费购买后，先通过线上服务体验后，再通过线下约见的模式完成知识服务闭环体验。

约见模式类似于电商概念中的C2C，也就是专家对用户。专家通常在某一个专业领域有一定的知识和经验积累，有可以分享的知识或技能，通过分享让更多用户学习，实现自身价值及知识变现。用户在工作或生活中有一定的困惑需要专家解答，或者希望通过对某一领域的知识进行学习提升自身能力，但苦于身边没有优秀的人脉资源进行沟通与学习。

在分享经济诞生前，用户学习某一领域的知识，主要通过学校、沙龙、论坛这类线下一对多的模式。这类学习方式有很严重的弊端，就是学习时间固定、学习人数较多、学习内容没有针对性。现在，以用户体验为核心目标的互联网产品和服务逐渐丰富。用户可以根据自己的时间、地点、喜好或困惑，选择自己想选择的专家进行咨询和知识学习。

目前，用户约见专家主要有以下四种模式。

> （1）线上约见，一对一模式，用户可以选择自己希望约见的专家，通过线上模式进行交流，这类解决方案适合用户在二、三线城市而希望约见的专家在一线城市的情况，解决地域差异问题。

> （2）单次线下约见，一对一模式，用户针对某一个问题或困惑，与专家约定时间、地点并进行面对面的沟通。

> （3）周期性约见，一对一模式，用户可以选择在某一个周期内，按照一定频率与专家进行约见和沟通。

> （4）专家分享，一对多模式，这类通常适合企业老板或高管，通过与专家约见，为企业或团队进行知识和技能的分享与交流。

线上预约的过程中，用户可以浏览到相关专家的个人简历和咨询内容简介，也可以获取其他咨询过该专家的相关评论，预约前可以较为准确地判断该专家是否能为自己答疑解惑。

在大致了解专家的个人背景后，一般会进行线上咨询。企业家可以设计付费课程，让用户通过听课来体验；也可以通过语音一对一咨询，直接展示你的专业度。

一般在课程体验或线上咨询中建立好感度后，用户就会主动提出线下约见的需求了，这时企业家可以根据自己的实际情况，按照约见时间和地点。然后利用充足的准备，再进行面对面的经验交流。在线下约见时，用户往往会提到当前面临的棘手问题，这就要求企业家在约见前，反过来对用户的情况进行摸底，这样才能给予针对性的方案。

线下约见的优点，除了可以展示企业家的魅力、帮助企业家积累人脉并扩大影响力，还可以给企业家连接资源。

第五节
线下互动收割玩法

线上免费知识分享，积聚流量，然后线下进行转化，也是知识付费比较常见的玩法，有点类似于电商平台的线上到线下玩法。

2016年被称为知识付费觉醒之年。艾媒咨询的数据显示：2016年，中国内容付费用户规模为0.98亿人，同比增长93.8%。以同属内容付费领域的在线视频、在线音乐付费状况来看，2016年，国内在线视频付费用户规模已突破7500万人，同比增长241%，在线音乐客户端用户中，有付费意愿的用户更是超过60%。对于多数网民，尤其是"90后"网民而言，为有价值的优质内容付费已逐渐成为共识。

2018年，知识付费进入"下半场"。从这一年起，线上平台开始转战线下。

一、开设线下实体店

2018年11月，阅读类自媒体（十点读书）首家线下实体店"十点书店"落户厦门万象城，成为引领知识付费走向线下的风向标。十点书店厦门店图书品种超1万种，工作日平均客流维持在

1500人以上，周末和节假日平均客流在3500人以上。十点书店除了图书，还有十点课堂、十点好物、小十点、十点咖啡等业态。

2019年4月，音频平台喜马拉雅旗下首家线下实体空间"喜马拉雅万物声"落户西安。2000平方米的门店划分为咖啡文创区、亲子区、阶梯剧场区，集合了有声故事、咖啡、畅销图书、礼物、沙龙课堂、专业直播间等多种功能。可以说，这个门店是集合了声音、文化、时尚、高科技、新零售的全新创新业态。

"喜马拉雅万物声"作为喜马拉雅VIP的体验店，设置了特有的直播间。家长和孩子可以一起体验音频节目的录制，学习音频制作专业知识。同时，"喜马拉雅万物声"还专门设置了一个可容纳200多人的阶梯教室，喜马拉雅平台的头部主播、精品课程的讲师都可以在这里分享知识和授课。

同月，知乎与言几又联合打造的首家线下书店"言盐问答空间"在厦门开业，并推出联名会员体系"言盐会员"。2019年5月，"言盐问答空间"在北京又开了一家店。知乎围绕"会员"做知识付费进化出了新路径：通过跨界合作打通会员体系实现场景化延展。言几又书店作为体验空间品牌，与知乎会员人群契合度高，两者合作能够相互补全线上线下阅读乃至文化生活消费场景。

❯ 二、自创品牌线下销售

某财经作家开通订阅号的第二个月，北京社科院的一名物理系博士在后台留言，建议在北京举办一场签售会。虽然那场签售会没有成功举办，但是在这名博士的带领下，很多人聚在了一起，"书友会"诞生了。申请参加"书友会"的人越来越多，在北京、上海、广州、深圳、杭州等城市，每个城市都有四个 QQ 群，每个 QQ 群的人数为 7000 人，共有 3 万多人。

人一多就会很混乱，为此他的团队开始在北京建立班委组织，专门教大家如何开会。全国共 81 个城市有"书友会"，其中有 31 个城市选了班委，北京有 9 个班委，他们组织各自的活动。因为大家都是喜欢财经的人，财商都比较高一些，都不排斥商业，会自发地帮助该财经作家卖货。

因为有他们做后盾，该财经作家做了很多商业尝试，他曾经在"书友会"卖过杨梅酒，三天销售了 3 万多瓶，每小瓶杨梅酒的单价是 199 元，仅这一项业务的创收就很惊人。

未来，知识付费会渗透线下，线上线下大融合是整体走向。在线上流量市场趋近饱和的背景下，从线上回归线下，流量互补，既是服务广大用户的初衷，也能拉动更多消费需求，进而给企业带来更多的收入。

参考文献

[1] 杨飞.流量池[M].北京：中信出版社，2018.

[2] 谢涵博，陈松月.从流量到留量：让你的产品实现低成本持续爆发[M].北京：电子工业出版社，2020.

[3] 老胡.流量黑洞：席卷国内70个新物种爆红逻辑与方法[M].北京：中国铁道出版社，2019.

[4] 何兴华.流量制造[M].北京：东方出版社，2020.

[5] 祝福.私域流量：从0到1搭建私域流量池的方法论[M].北京：机械工业出版社，2020.

[6] 刘翌.私域流量池[M].北京：机械工业出版社，2019.

[7] 周辉.企业操盘私域流量[M].北京：人民邮电出版社，2020.

[8] 陈韵棋，老胡.私域流量运营指南——从流量到高利润[M].北京：中国铁道出版社，2021.

[9] 王子乔.内容引爆增长：建立竞争优势的内容营销方法论[M].北京：人民邮电出版社，2019.

[10] 关健明.爆款文案[M].北京：北京联合出版有限公司，2017.

[11] 华杉，华楠.超级符号就是超级创意：席卷中国市场17年的华与华战略营销创意方法（第三版）[M].南京：江苏凤凰文艺出版社，

2019.

[12] 曹大嘴，傅一声.鱼塘式营销：小成本撬动大流量［M］.北京：电子工业出版社，2019.

[13] 张爱林.流量变现全案：全方位流量变现法则［M］.北京：电子工业出版社，2020.

[14] 周英英.短视频＋直播：内容创作、营销推广与流量变现［M］.北京：电子工业出版社，2021.

[15] 梁宸瑜，曹云露，马英.直播带货：让你的流量持续低成本变现［M］.北京：人民邮电出版社，2020.

[16] 罗攀.流量地图——实现用户指数级增长［M］.北京：电子工业出版社，2020.

[17] 陈润，唐新.小米传（2010—2020）［M］.北京：中华工商联合出版社，2020.

[18] 李伟.爆款IP打造与运营：内容创作＋吸粉技巧＋赢利模式［M］.北京：化学工业出版社，2019.

[19] 吴智银.社群营销与运营实战手册［M］.北京：人民邮电出版社，2020.

[20] 晏涛.超级用户增长：低成本实现私域用户持续复购［M］.北京：中国友谊出版公司，2020.

[21] 叶龙.新媒体引流完全操作手册［M］.北京：清华大学出版社，2019.

[22]［美］马克·舍费尔.热点：引爆内容营销的6个密码［M］.北京：中国人民大学出版社，2017.

[23][美]艾·里斯,杰克·特劳特.定位:争夺用户心智的战争(经典重译版)[M].北京:机械工业出版社,2021.

[24][美]劳拉·里斯.视觉锤(珍藏版)[M].北京:机械工业出版社,2020.